정보전략계획 ISP 수립 실무

정보전략계획 ISP 수립 실무

발행일	2023년 3월 24일		
지은이	한필순		
펴낸이	손형국		
펴낸곳	(주)북랩		
편집인	선일영	편집	정두철, 배진용, 윤용민, 김부경, 김다빈
디자인	이현수, 김민하, 김영주, 안유경	제작	박기성, 황동현, 구성우, 배상진
마케팅	김회란, 박진관		

출판등록 2004. 12. 1(제2012-000051호)
주소 서울특별시 금천구 가산디지털 1로 168, 우림라이온스밸리 B동 B113~114호, C동 B101호
홈페이지 www.book.co.kr
전화번호 (02)2026-5777   팩스 (02)3159-9637

ISBN 979-11-6836-790-6 13000 (종이책)   979-11-6836-791-3 15000 (전자책)

(주)북랩 성공출판의 파트너
북랩 홈페이지와 패밀리 사이트에서 다양한 출판 솔루션을 만나 보세요!
홈페이지 book.co.kr   • **블로그** blog.naver.com/essaybook   • **출판문의** book@book.co.kr

작가 연락처 문의 ▶ ask.book.co.kr
작가 연락처는 개인정보이므로 북랩에서 알려드릴 수 없습니다.

정보전략계획 ISP 수립 실무

환경분석에서부터 이행계획수립까지 Case Study!

한필순 지음

북랩

A4 1장에 50만 원의 가치

ISP(Information Strategic Planning, 정보전략계획) 컨설팅을 하면서 내가 작성한 보고서가 과연 1장에 50만 원의 가치가 있을까? 내가 고객이라면 그 돈을 주고 이 보고서를 살까?

ISP 컨설팅 비용은 물론 규모와 성격에 따라서 다르지만 3개월 정도 수행하는 소규모의 경우에는 대략 3억 원~5억 원 정도 소요된다.

이때 고객에게 제출하는 컨설팅 결과 보고서는 파워포인트 횡서식으로 작성하는 경우 본문만 평균 500장~800장 정도된다. 계산을 해 보면 대략 A4크기 원고 1장에 50만 원 정도이다.

돌이켜 보면 내가 프로그래머로 시작을 해서 컨설턴트로 일하는 지금까지 37년간 이 분야에 일을 하고 있고 컨설팅 부문만 15년째이지만 이러한 질문에 자신 있게 긍정적인 답을 해 본적이 별로 없다.

프로젝트가 끝나면 늘 아쉽고 후회가 되기도 한다.

ISP 컨설팅은 창작을 하는 것이다. 문학의 경지는 아니지만 연구보고서 작성과 유사해서 그 과정에 논리가 있어야 한다. 획일적은 아니지만 방법과 규칙이 있다는 뜻이다.

ISP는 컨설턴트의 경험적 지식을 자유롭게 펼치는 작업이다. 그런데 그 컨설턴트 중에는 전문적인 교육을 받은 사람도 있지만 대다수는 프로젝트 현장에서 선배들의 일하는 과정을 보고 따라 배우면서 성장을 한다.

이 책도 그러한 과정에 도움이 되고자 나의 경험을 바탕으로 작성을 한 것이다.

그리고 나는 이 책을 쓰면서 1장에 50만 원짜리 보고서를 작성하기 위해서 얼마나 많은 노력이 필요한지 다시금 느끼게 되었다.

추천의 글

2022년 11월에 OPEN AI가 공개한 챗GPT가 불과 2개월 만에 사용자수가 1억명을 돌파하는 등 전 세계적으로 매일 새로운 이슈를 쏟아내고 있다. 개인용 PC가 대중화되고, 인터넷과 모바일 환경, 클라우드, 빅데이터, 사물인터넷, 인공지능, 메타버스, 챗GPT의 등장까지 불과 약 30년이라는 짧은 시간에 일어난 기술 변화이다. 앞으로도 더 빠르게 많은 기술이 등장할 것이다.

기업이나 공공기관에서는 기업의 생산성 향상과 고객이나 국민들에게 최고의 서비스를 위해 새로운 IT기술 적용하거나 주기적으로 정보시스템을 개선하기 위한 계획을 수립한다. 이번에 출간되는 『정보전략계획 ISP 수립 실무』에는 지난 약 30년 이상 IT기술 변화와 함께한 저자의 기업과 공공기관의 프로젝트를 통한 값진 수행 경험과 사례가 담겨있으며, 향후에 등장할 새로운 최신기술 변화에도 빠르게 적용할 수 있고, 체계적으로 계획을 수립할 수 있도록 이해하기 쉽게 기술되어 있다.

이 책에서는 컨설팅을 직접 수행하는 컨설턴트 관점에서 ISP 가 왜 필요한지에 대한 답을 제시하고 있으며, ISP 방법론에 따른 수행 방법과 사례를 통해 이해하기 쉽게 설명하고 있다. 환경 분석과 현황 분석에서는 무엇을 해야 하는지, 설문과 인터뷰하는 방법, 조사된 결과를 정리하고 시사점을 제시하는 방법, 목표 모델과 이행계획을 수립하는 방법도 세부적으로 기술하고 있다.

이 책은 컨설턴트를 직업으로 고려하는 학생들과 신입 컨설턴트들에게는 가장 적합한 교육 자료가 될 것이며, IT 기획 업무를 담당하는 회사원이나 공무원들이 직접 기관의 IT 계획을 수립할 때도 중요한 참고 자료로 사용할 수 있다.

저자 한필순 부사장님은 내가 컨설턴트로서 처음 발을 딛을 수 있게 해주신 스승이며, 컨설팅 사업을 시작할 때 함께 해주신 동역자이다. 현재도 현역에서 국내 및 해외에서 활발하게 컨설턴트로써 역할을 다하고 계시고, 후배들에게 컨설턴트로서의 나침반 같은 역할을 하고 계신다. 컨설턴트 후배들을 위해서 출간하는 이 책이 IT기술 발전과 함께 컨설턴트들의 지침서로 활용되기를 기대한다.

(주)굿컨설팅그룹 대표이사

김산회 (공학박사)

차 례

서문 _ A4 1장에 50만 원의 가치   4

추천의 글   6

정보시스템과 건설의 유사성   11

ISP 컨설턴트는 IT전문가가 아니어도 된다   14

ISP는 전체 최적화를 지향   16

    ISP의 정의와 목적, 배경, 최근 동향   16

    ISP는 업무에 종속적   21

    ISP는 업무, 프로그램, 데이터, 인프라 설계   23

    ISP는 What, 프로그램 개발은 How   25

    ISP는 기술 지향적, BPR은 프로세스 지향적   26

    ISP와 EA의 차이점   33

    공공분야 ISP는 감리를 받는다   36

ISP 수립 방법론은 마라톤 경기규칙과 같다   38

방법론은 차량 네비게이션과 같지만   42

    목표가 정해져 있으면 연역적, 없으면 귀납적   52

    컨설턴트의 역할은 의사와 같다   55

    미래모형은 상상 속에 픽션이 아니다   60

    이행계획은 후속 프로젝트의 이정표   61

    1 : 4 : 4 : 1의 법칙   62

ISP 대상에 영향을 미치는 것들   64

법제도 분석   68

정책(경영)환경 분석   72

이해관계자 분석   77

정보기술환경 분석   83

타 사례 분석   87

외부 환경 분석 결과 시사점 정리   92

ISP 대상에 개선 혹은 새로운 방향 제시   94

조직현황 분석   95

업무현황 분석   97

설문이 끝나고 면담을 하는 것이 좋다   115

정보시스템현황 분석   124

내부 현황 분석 결과 문제점 및 개선방향 정리   181

미래모형은 논픽션   186

분석결과 개선방안 정리   187

정보전략계획 체계   189

업무 프로세스 목표 모델   192

정보시스템 목표 모델   196

후속 프로젝트의 이정표   240

단위 프로젝트 정의   241

예산수립   243

일정수립   248

기대효과 분석   251

후기 _ 컨설턴트는 점쟁이가 아니다   259

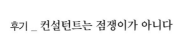

정보시스템과 건설의 유사성

정보시스템과 건설은 그 진행과정이 유사하다. 그래서 정보시스템 분야는 오래 전부터 발달한 건설과정의 방법과 절차에 대해서 참조하기도 한다.

〈표 1〉 건설과 정보시스템의 진행과정 비교

건설		정보시스템		공통내용
과정	수행	과정	수행	
기본설계	건설사 설계 사무소	ISP	컨설팅 회사	규모, 방법 기간, 예산
실시설계	시공사 (건설회사)	설계	소프트웨어 개발 회사	상세설계, 시공(개발)
시공		개발		

ISP 컨설팅을 건설로 비교하자면 청사진을 그리는 일이다. 건물주의 요청에 따라서 30층의 건물을 지으려고 할 때 설계회사는 관련 법률의 규제검토를 하면서 토지이용에 대한 검토, 용적률, 조망권 등을 분석한다.

30층의 규모에서부터 내 외부에 이르기까지 설계를 하고 조감도, 청사진을 그리고 공사비를 산정한다.

즉, 호텔을 짓고 싶지만 주거지역에 지을 수 없는 것과 같이 관련법을 검토하고 전체 규모를 산정하고 내부 시설 용도와 건설 예산과 등에 관하여 포괄적인 계획을 수립하는 것이다.

건설에서는 이렇게 하는 것을 기본설계라고 한다. 그 이후에 시공업체에서 공사를 시작하기 전에 실시설계를 함으로써 구체적인 설계를 하고 비로소 착공을 하는 것이다.

건설과 같이 법적인 의무사항은 아니지만 정보시스템 개발도 이와 유사해서 ISP가 건설에 기본설계라고 부를 수 있고, 개발단계에서 수행하는 것이 실시설계라고 할 수 있다.

이러한 과정이 없이 고객의 요구대로 건설공사를 시작하면 각종 법적인 문제가 발생하기도 하고 사용자나 시공사의 변경에 따라서 비용이 급증을 하게 될 것이다.

정보시스템 개발 역시 계획(기본설계) 없이 고객의 요구에 따라서 바로 개발을 착수하면 건설과 마찬가지로 예기치 못한 문제에 직면할 가능성이 크다는 것이다. 이러한 문제는 이미 개발 계약을 하고 시작하는 경우에 돌이킬 수 없는 상황에 직면하고 결국은 계약파기 혹은 비용 증가, 소송으로 이어지게 되기도 한다.

혹자는 이러한 ISP 보고서를 보면서 너무 개념적이라서 개발하는데 별 도움이 안 되고 그림 만 현란하게 있어서 아무짝에 쓸모가 없다고 불평을 하기도 한다. 심지어는 사기라는 표현을 하기도 한다. 하지만 이것은 ISP라는 활동의 본질을 이해하지 못해서 나타나는 문제일 뿐이다. ISP의 목적은 구체화된 개발 설계서를 작성하는 것이 아니고, 업무의 정보화 범위와 대상을 선정하고 예산을 수립하는 일이다.

ISP에서 기능, DB, 구조, 보안을 설계하는 이유는 주로 규모와 방법 그리고 예산을 수립하기 위해서 하는 것이지 결코 개발자가 기대하는 그런 설계서가 아니다. ISP는 향후에 필요로 하는 정보화대상을 발굴하고 모형을 설계하는 것이라는 뜻이다.

물론 이 보고서를 개발자가 참조는 할 수 있지만 구체적인 개발을 위한 설계는 개발자가 해야 할 몫이다. 건설분야에서 작성하는 기본설계서에 나사못의 규격까지 설계하지는 않는 것과 같다.

ISP를 국방분야에서는 개념설계라고 부르고 있으며 이러한 체계적인 과정이 없이 필요에 따라서 부분적으로 개발된 시스템들은 중복개발, 기능간 연계부족, 비표준에 따른 혼란이 발생할 수밖에 없다.

그리고 추후에 이를 보완(재개발)하기 위한 비용은 ISP를 통하여 체계적으로 진행하는 것보다 훨씬 많은 자원(비용, 시간 등)을 필요로 하게 된다.

그래서 ISP와 건설의 기본설계의 공통점은 그 주요 목적이 후속 사업에 예산을 수립하는 것이다.

ISP 컨설턴트는
IT전문가가 아니어도 된다

ISP 컨설팅은 당연히 전문성이 필요하다. 어설프게 계획을 수립하면 차라리 하지 않은 것만 못하기 때문이다.

그래서 전문 컨설팅 회사에 의뢰를 해서 수행할 수도 있지만, 비전문가라도 충분히 할 수 있는 영역이며 정보화 프로젝트에 참여 경험이 있는 분이라면 이 책을 통해서 기본적인 수행이 가능하도록 구성을 하였다.

나는 전자공고에서 통신을 배웠고 대학에서 전자계산학을 전공했으며 대학원에서는 산업정보를 전공했다. 그리고 그 이후로 계속 이 분야에서 일을 하고 있으니까 거의 평생을 IT 분야에서 배우고 일을 하고 있는 셈이다.

하지만 돌이켜 보면 학교에서 공부했던 내용들이 프로그램 개발을 하거나 ISP 컨설팅을 하면서 써먹었던 것은 별로 없었던 것 같다. 도대체 컴파일러 구조나 OS구조 그리고 수치해석 등이 일을 하면서 무슨 도움이 되었는지 기억이 나지 않는다.

아마도 이러한 지식은 그것들을 개발하는 일에 관여를 했다면 당연히 도움이 되었겠지만 아쉽게도 응용프로그램 개발이나 ISP

컨설팅에는 그저 이력서에나 보탬이 되었을 것이다.

그래서 IT분야에 전공과 경험을 한 사람만이 ISP를 할 수 있다는 것은 결코 아니라는 것이다.

IT분야 특히 ISP 컨설팅 분야에서 IT를 전공한 사람이 몇 명이나 되겠는가? 아마도 불과 10%정도 이하 일 것이다. ISP가 정보기술을 전제로 하는 컨설팅은 맞지만 반드시 정보기술을 보유한 자 만이 ISP 컨설팅을 할 수 있는 것은 아니라는 것이다.

그만큼 ISP분야는 요소 기술적인 측면 보다는 일반적인 접근이 더 많다는 뜻이기도 하다. 서버, 네트워크 등에 대한 일부는 IT지식을 필요로 하지만 그것은 ISP 전체에서 불과 10% 정도 이하를 차지 할 정도로 비교적 그 영향 범위가 좁다고 할 수 있다.

그래서 이 책은 가능한 IT 전공과 무관하게 읽을 수 있도록 구성했고 관심 있는 독자라면 누구나 이해가 쉽도록 구성을 하려고 노력하였다.

ISP는 전체 최적화를 지향

ISP는 일부 업무에 국한해서 부분 최적화를 하는 것이 아니고 가능한 전체 최적화를 통해서 경영 효율성과 효과성을 극대화하기 위하여 정보화 방향성을 제시하는 것이다. ISP는 조직의 비전, 비즈니스 목표 및 요구사항을 고려하여 정보기술(IT)을 활용하여 조직의 경영 전략과 일치시키는 계획을 수립하는 일이다.

그래서 ISP는 모든 조직에 정보화 계획을 위하여 필요한 것이고 기업은 물론이고 공공부문에 역시 동일하게 적용을 하고있다.

ISP의 정의와 목적, 배경, 최근 동향

정보전략계획 수립은 조직의 업무를 지원하는 정보화 계획을 수립하는 것으로서 전사적 혹은 특정업무에 대하여 정보시스템을 개발하기 위한 기초 설계를 하는 것을 말한다.

전사적이라는 것은 대상 조직의 전체에 대하여 정보화 요구사항에 대한 타당성을 분석하고 신규 혹은 개선점을 발굴하는 것을 의미하며, 특정업무에 대한 그것은 정보기술을 적용함으로써 그 업무의 효율성이나 효과성이 배가되거나 경쟁에 뒤처지지 않고 앞서 나아가기 위한 방안을 수립하는 것을 의미한다.

기초 설계라는 것은 정보화를 하기로 결정된 업무에 대하여 기능(응용 프로그램)과 데이터 그리고 기반(서버 등 하드웨어와 DBMS 및 상용 소프트웨어 등)과 보호(관리적 보안, 물리적 보안 등)에 대한 요건을 정의하는 것을 말한다.

그리고 이를 바탕으로 시스템을 구축하기 위한 전략, 예산, 일정, 방법, 기대효과 등에 대하여 체계적으로 계획을 수립하는 것을 말한다.

이러한 일련의 활동들에 대한 결과물은 추후에 실제 개발(구축)이 진행될 때 기준으로 활용될 수 있다.

ISP는 도상훈련이라고 할 수 있는 반면에 개발은 실제 전투라고도 할 수 있다. 전쟁으로 비교하자면 전략적 작전계획이 없거나, 간과를 하고 바로 전투로 진입을 하면 어떤 문제가 생길 것인가?

ISP를 진행하는데 돈과 시간이 들기는 하지만 통상적으로 예상되는 개발비의 1%~5% 정도이다. 물론 자체적으로 하면 1%미만으로 수행할 수도 있는 그것을 간과하고 바로 개발에 착수하는 경우를 상상해 보자.

SI회사와 외주로 계약을 하는 순간부터 그 SI회사는 납기에 모든 사활을 걸고 프로젝트를 진행할 것이고 범위확대나 변경을 극도로 경계할 것이다. 때로는 검증되지 않거나 안정적이지 않은 신기술의 적용이나 법적인 문제가 있음에도 불구하고 계약대로 개발을 진행할 것이다.

프로젝트가 원만하게 끝나면 서로가 좋지만 그렇지 못한 경우 양측이 모두 피해자가 될 뿐이다.

나는 약 3년간 소프트웨어 분쟁 조정위원으로 활동을 한 적이 있었다. 그것은 소프트웨어뿐만 아니라 기업간 모든 하도급에 관한 분쟁이 발생했을 때 하도급 법에 의해서 우선 당사자 간에 합의를 하도록 유도를 하는 제도이다.

당사자가 억울함을 호소하여 조정신청을 하면 분쟁조정위원회가 개최되는데 약 3~4명 정도가 조정위원으로 참여를 한다. 1차 서류를 검토하는데 분쟁 당사자 없이 진행을 하면서 각자의 조정역할을 맡는다.

위원장이 정해지고 검사와 변호사의 역할을 담당한다. 그리고 각자의 조정목표 의견을 제시하고 위원장이 판사의 역할을 하면서 결정을 한다.

2차 회의에서는 당사자 모두가 참석을 해서 위원장의 조정의견을 듣고 수용여부를 결정하는 것이다. 여기서 양측합의에 실패를 하면 공정거래위원회에 이 건을 이첩하고 다시 공정거래위원회에서 2차 조정권고를 하는데 여기서도 실패를 하면 법원으로 이첩이 되는 제도이다.

주로 약자인 하도급자가 조정신청을 하는데 가끔 발주자가 신청을 하는 경우도 있다. 누가 신청을 하던 공통적인 점은 도급의 범위와 납기 그리고 품질의 불만족에 따른 청구이다. 결국 이것은 프로젝트 내용에 대해서 서로의 기대감이 어긋나는 문제였는데 이중에는 발주자의 모호한 요구가 그 문제의 핵심인 경우도 있었다.

물론 ISP를 했다고 해서 그 문제가 모두 예방되지는 않겠지만 개발 전에 세밀한 계획을 세운다면 그런 문제가 다소 줄지 않을까?

1980년대에 ISP 혹은 정보화 Master Plan에 대한 개념이 미국으로부터 나오기 이전에는 체계적인 계획이 없이 개발자의 설계대로 개발을 진행하였기 때문에 시행착오를 많이 겪어왔었다.

다만 그 시절까지는 전세계 대부분의 기업이나 공공기관들은 중앙집중식 Mainframe을 사용했기 때문에 중복개발이나 업무기능 간 상호 연계에 문제점이 비교적 적었다.

하지만, 1980년대 후반부터 전세계에 불어 닥친 Downsizing 바람으로 인하여 Client & Server 방식으로 정보시스템의 기반구조가 바뀌면서부터 난개발에 따른 문제점이 심각 해졌다. 주요 문제점은 중복개발, 비연계, 비표준으로 인한 개발 및 운영비용의 상승 등이었다.

내가 1980년대 후반에 신입사원으로 근무했던 곳은 원자력 발전소를 만드는 제조업체에 IT부서였다. 처음 시작한 일은 BM(Bill of Material, 자재관리) 프로그래머였다.

IBM의 MRP2[1]를 모델로 자재 소요량 계획을 정보시스템으로 구축을 하고 운영을 하고 있었는데 요즘의 MES[2]나 ERP[3]의 초기 모델이었을 것으로 기억한다.

---

1) MRP2(Material Resource Planning 2)
2) MES(Manufacturing Execution System)
3) ERP(Enterprise Resource Planning)

그 때 BM시스템에서 현장에 자재관리 직원의 인적 사항을 인사관리 DB에 정보를 활용하고 있어서 별 어려움이 없이 시스템을 운영했었다. 하지만 그 이후에 전국에 시스템이 Client & Server 방식으로 시스템 구조가 바뀐 뒤로는 여기저기서 업무간 데이터 정합성과 무결성에 문제가 생기기 시작한 것이다.

■ 업무보다는 신기술 도입에만 치중한 결과

내가 근무했던 다른 회사는 1990년 중반에 IBM Mainframe에서 운영되던 전사 정보시스템을 그 당시 1년 동안 40억 원이 넘는 비용을 투입하여 Client & Server 방식으로 정보시스템의 구조를 변환하였다. 지금의 화폐가치로 보면 약 100억 원이 넘는 규모였다.

하지만, ISP와 같은 체계적인 계획이 없이 용역을 의뢰 받은 SI 회사의 의도대로 진행을 하였는데 결과적으로는 기술적인 껍데기만 바꾸는 꼴이 되었고 초기에는 전사적으로 효율성이나 효과성이 투자대비 그다지 높지 않았던 것으로 기억한다.

왜냐하면 업무중심적 개발이 아니고 기술지향적 개발이었고 신기술의 적용에만 주로 초점이 맞추어져 있었기 때문이었다.

그럼에도 불구하고 문제는 전체 시스템을 가동한 이후에 며칠도 되지 않아서 생겼는데 사용자 P/C의 디스크에 저장용량이 부족하다는 사실을 알게 되었다.

1,500대에 달하는 P/C의 HDD용량을 증설하기 위한 추가 예산승인 요청 품의를 CIO와 대표이사께 급하게 결재를 올렸고

심한 질책을 받기까지 하였다. 약 한 달 동안 부분적으로 업무가 마비되는 사태까지 갔었던 것이었다.

이것은 Client & Server 방식에 3Tier에 대한 기술적 특성을 잘 몰라서 생긴 일인데 응용프로그램 모듈이 P/C에 설치가 되기 때문에 수많은 프로그램을 저장할 공간이 필요했던 것이다.

시스템 개발을 담당한 SI 회사는 서버부문만 용역을 맡았기 때문에 P/C부문에 대한 책임은 고스란히 발주자의 몫이었지만, 기술적으로 무지한 탓에 어처구니없는 문제가 발생한 것이다.

P/C의 HDD(Hard Disk Driver)가 20MB였던 시절의 이야기다. 만일 제대로 된 검토와 계획을 세워서 진행을 했더라면 이러한 기초적인 문제는 생기지 않았을 것이다.

미국은 이러한 문제를 방지하기 위하여 1980년대 말부터 일찌감치 보다 체계적이고 전사적인 관점에서 정보시스템 개발을 위하여 ISP 혹은 Master Plan이라는 개념을 도입하기 시작한 것이다.

ISP라는 용어는 미국에서 사용하기 시작했지만 최근에는 우리나라에서만 사용하고 있고 전 세계적으로는 주로 Master Plan이라는 용어가 많이 사용되고 있다.

ISP는 업무에 종속적

ISP를 실행할 수 있는 범위는 모든 산업분야와 공공을 망라하여 정보화가 필요한 업무는 모두 해당이 된다고 할 수 있다.

조직의 내부 특정 업무처리를 위한 정보시스템 개발이거나, 대외 서비스 혹은 사업을 위한 정보시스템 개발이 해당될 수 있고, 특히 요즘 많이 사용하고 있는 배달앱과 같은 플랫폼 사업도 이에 속한다고 할 수 있다. 어쨌든 ISP의 대상은 특별하게 정한 것은 없으며 모든 정보화 대상이 이에 해당한다고 할 수 있다.

정보화 필요성에 대한 판단은 시장의 요구 혹은 경쟁관계, 내부조직의 효율성 증대 등 다양한 요구에 의해서 그 필요성을 판단할 수 있다. 하지만 정보화를 적용하고자 하는 업무나 신사업의 경우 그 대상 및 범위가 작으면 굳이 거창하게 전략적 계획까지 할 필요는 없다고 생각한다.

인사업무 중에 급여업무 일부만 개선을 할 계획이라면 ISP가 필요 없지만 인사업무 전체를 재구조화를 하여서 정보화를 새롭게 추진할 계획이라면 ISP가 필요하다고 할 수 있다. 사용자의 범위도 중요하게 다루어야 할 점검요인 중에 하나이다. 극소수의 사용자를 대상으로 정보화를 한다면 굳이 ISP가 필요 없을 수도 있다.

하지만 경영진 등 소수의 의사결정자를 위한 정보시스템 개발 계획이라면 ISP가 필요할 수도 있다. 경영진을 위한 정보시스템은 그 역할이 실무자급보다도 매우 중요하기 때문이다.

만일 조직이 최근에 전사적으로 PI[4] 성격의 활동을 하였고 이에 대한 구체화를 계획하고 있다면 당연히 ISP가 수행되어야 한다.

---

4) PI(Process Innovation)

ISP는 정보시스템 기능의 구현이 주요 목표이기는 하지만 업무에 종속적이기 때문에 자칫 업무와 동떨어진 계획을 수립하게 되면 그 효과성이 떨어지게 된다.

그래서 PI와 같이 조직의 업무 프로세스에 대한 큰 변화가 있었다면 뒤이어서 그 PI와 관련이 있는 ISP를 수행하는 것이 좋다는 뜻이다.

한가지 고려해야 할 사항은 업무에 의존적이기 때문에 그 업무의 담당자의 역량에 따라서 ISP에 방향과 핵심이 결정된다는 것이다.

가끔 경험이 적은 담당자와 업무 프로세스에 대해서 면담을 하다 보면 그 담당자에게 꺼꾸로 업무를 설명해 주어야 하는 어려움도 있다.

게다가 그 담당자가 고집을 피우게 되면 곤란한 상황까지 생기는데 이 때는 부득이 타 사례를 보여주면서 설득을 해야 하는 힘든 경우도 있다. 그래서 프로젝트 수행 조건으로 현업 담당자의 요건(최소 5년 이상 연속 근무)을 제시하고 싶을 정도이다. ISP가 업무 프로세스에 종속적이라는 것은 결국 그 업무 담당자의 능력에 따르는 것이라 어쩔 수가 없다.

ISP는 업무, 프로그램, 데이터, 기반구조 설계

정보시스템은 [그림 1]과 같이 업무 프로세스, 데이터 그리고 기반구조(Infrastructure)로 구성되어 있다.

- 업무 프로세스: 정보시스템으로 하여금 지원을 받는 업무의 처리 절차(예: 인사관리)
- 기능(응용 프로그램): 업무 프로세스를 지원하는 정보시스템 기능(예: 화면, 프로그램)
- 데이터: 기능의 동작과 기록을 위한 항목과 내용(예: 성명, 주민번호, 주소 등)
- 기반구조: 기능과 데이터 운영을 위한 장치(예: 서버, 네트워크 등)

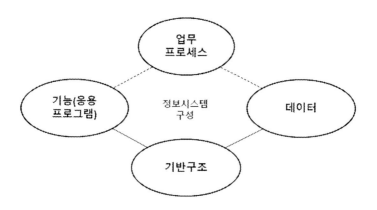

[그림 1] 정보시스템 구성요소

ISP는 이러한 것들에 대해서 기본설계를 하는 것이다.

이중에 IT 요소기술 보유나 전공 여부와 무관하게 ISP 컨설팅을 할 수 있는 분야가 업무 프로세스, 응용 프로그램, 데이터에 대한 기본설계다.

ISP는 What, 프로그램 개발은 How

ISP는 설계중심적으로 계획을 수립하는 것이지 실질적인 개발을 하는 것은 물론 아니다.

ISP가 What을 정하는 것이라면 개발은 How를 완성하는 것이라고 할 수 있다.

ISP는 분석의 범위와 깊이에 차이는 있지만 목표시스템이 정해져 있거나, 목표시스템이 무엇이 될지 모르는 상태일 경우에 동일하게 수행한다.

ISP를 하고자 하는 조직의 외부환경과 내부 현황을 조사 및 분석을 하고 이 결과에 대하여 시사점을 도출함으로써 향후에 개선하거나 신규로 개발하여야 할 정보시스템의 미래모습을 구상하는 것이다.

미래모습을 구상하기 위해서는 전략과 목표를 세우고 이를 달성하기 위한 세부 과제들을 정의한다. 세부과제들의 구성요소로는 기능(응용 프로그램)과 데이터, 기반이라고 할 수 있는 서버, 네트워크에 대한 설계가 필요하며 정보시스템 보안도 고려를 하여야 한다.

개념적으로 완성된 미래모습을 실현하기 위한 예산을 산정하고 일정을 수립한다. 그리고 이러한 자원(예산, 기간 등)을 투입해서 어느 정도의 기대효과가 있을 것 인지를 가름하기 위하여 투자대비 효과를 분석하게 되는데 기업의 경우에는 ROI[5]를 따지

---

5)   ROI(Return on investment, 투자자본수익률)

기도 하고, 공공의 경우에는 BC[6]분석을 한다.

ISP의 궁극적인 목표는 향후에 개발하여야 할 정보화 대상과 범위를 정하고 예산과 일정을 수립하는 것이고, ISP를 함으로써 정보시스템의 개발에 시행착오를 최소화할 수 있도록 하는 것도 중요한 목표라고 할 수 있다.

ISP는 기술 지향적, BPR은 프로세스 지향적

ISP에 관해서 이야기를 하자면 부득불 BPR[7](Business Process Reengineering)을 거론하지 않을 수 없다. 물론 ISP와 BPR은 서로 영역은 같지만 진행 방법과 추구하는 목표는 다르다.

ISP는 기술 지향적이지만 BPR은 업무, 즉 프로세스 지향적이기 때문이다. 다만 둘 간의 관계는 상호 의존적이라고 할 수 있다.

BPR은 정보기술을 전제로 하여 업무 프로세스의 개선 효과를 극대화할 수 있으며, ISP는 기술 지향적이기는 하지만 기본은 업무의 정보화를 꾀하는 것이기 때문에 업무를 구성하고 있는 프로세스로부터 출발을 하여야 한다는 면에서는 BPR에 의존적이라고 할 수 있다.

BPR은 미국의 마이클 해머 박사[8]가 주장했듯이 그 목적이 업

---

6) B/C(Benefit-Cost, 편익 비용 분석)
7) 1993년 "리엔지니어링 기업혁명"에서 마이클 해머 박사(1948~2008)가 제시함
8) Michael Martin Hammer(1948년 4월 13일~2008년 9월 3일)는 경영 저술가, MIT 컴퓨터 과학교수

무의 혁신적인 발전을 위하여 프로세스를 새롭게 설계하는 것을 의미한다. 업무를 협의의 기능관점 보다는 현재의 업무처리 방법과 절차를 분석하여 근본적인 문제점을 도출하고 이를 구조적으로 개혁을 하는 방법을 모색하는 것이다.

이를 수행하는 과정에서 조직은 무시되고 프로세스 관점에서만 근본적으로 개혁을 하기 위한 재설계를 한다. 재설계의 결과물로는 새롭게 구성된 프로세스와 이를 수행하기 위한 역할과 책임이 부여된다. 이러한 이유로 인하여 그 결과에 따라서는 기존 조직의 틀이 바뀌게 되어 특정 조직이나 업무 프로세스가 없어지거나 새롭게 구성되기도 한다.

모기업의 설비관리 업무에 BPR을 예로 들어보자.

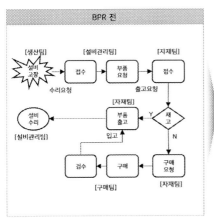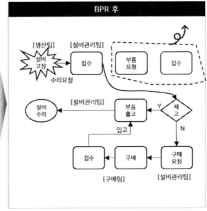

[그림 2] 설비관리 업무의 BPR 전후 비교도

앞에 [그림 2] 설비관리 업무의 BPR 전후 비교도와 같이 이 회사는 장치산업의 일종인 화학회사로서 설비관리가 가장 중요한 경영의 핵심이었다.

생산현장에서 설비가 고장이 나면 생산팀은 설비관리팀에 연락을 하고 설비관리팀은 자재팀에 수리용 부품을 요청한다. 자재팀은 재고여부를 확인하고 없는 경우에는 구매팀에 구매요청을 한다.

구매팀에서는 구매 후에 검수를 하고 자재팀에 연락을 하고 자재팀은 설비팀에 부품을 불출해서 비로서 수리가 되는 프로세스였다.

각 프로세스를 분석한 결과 자재팀의 업무(자재요청에 대한 접수, 재고 파악)를 설비관리팀에 이관을 하고 자재팀 직원은 설비관리팀과 구매팀으로 옮길 것을 제안하였다. 즉, 자재팀이 없어지는 것이다.

자재팀이 하는 일 중에 80% 이상이 설비 수리를 위한 자재를 관리하는 일이었고 나머지는 사무용품과 같은 소모용 일반 MRO(Maintenance Repair Operation)자재나 용품이었다. 이것들은 구매팀에서 관리를 하기로 했다.

이로써 설비관리 업무 중에 고장 수리에 관한 업무에 효율성이 증가하였다. 조직과 프로세스가 변화한 효과인데 여기 까지가 BPR이라고 할 수 있다.

기존 자재팀의 업무(자재요청에 대한 접수, 재고 파악)를 설비관리팀에서 원활하게 수행하기 위해서 정보시스템을 설계하였고, 효율적인 구매업무 처리를 위해서도 설계를 하였다. 이것이 바로 ISP

이다.

ISP에서도 해당 업무 프로세스를 대상으로 조사와 분석을 하지만 혁신적인 방법으로 바뀌거나 개선하는 것은 아니다. 정제된 목표 프로세스를 대상으로 정보시스템으로 개발을 하기 위해서 기능과 데이터를 도출하고 이를 운영하기 위한 기반을 설계하는 것이다.

즉, ISP는 해당업무의 프로세스(규정, 절차, 관행 등)에 의존적이며 이러한 점이 ISP와 BPR이 다른 것이다. 만일 불합리한 업무 프로세스를 발견했다면 그 해결방법을 시스템 측면에서 찾아야 한다는 것이다. ISP는 업무 프로세스 자체를 개선시키는 것은 아니라는 뜻이기도 하다.

■ BPR? PI?

기업에서는 BPR이라는 용어보다는 PI(Process Innovation)라는 용어를 더 많이 쓰기도 한다.

2000년대에 기업과 공공에서 유행하던 BPR은 무슨 이유에서인지 그 본래의 취지가 희석되었고 요즘의 BPR은 ISP를 위한 부속활동 혹은 선행활동 정도로만 여겨지고 있다. 그래서 ISP에서는 프로세스의 혁신적인 구조 변화를 추구하기 보다는 개선 혹은 정제 정도로만 활용이 되고 있다.

그 이유는 여러 가지가 있겠지만 BPR은 전사적으로 조직의 구조를 변화시키기 위한 어려운 작업이고 실패에 대한 두려움 때문이라고 추정한다.

이것은 BPR의 필요성과 기대효과에 대해서는 모두가 공감을 하지만 프로세스에 대한 이해관계와 조직구성원들 간의 갈등을 무시하고 실행을 하기는 어렵다는 뜻이기도 하다.

대표적인 사례로 모 발전회사에서 전사적 ERP도입을 위한 경영혁신을 추진하려고 했으나 노조의 반대에 부딪혀서 어려움을 겪은 경우가 있었고 철도공사에서도 마찬가지였다.

양측의 노조가 반대를 했던 이유는 ERP도입은 직원의 감시가 강화되고 조직의 축소(감원)를 초래할 것이라는 것이었다. 전사적으로 ERP를 도입하기 위해서는 BPR을 해야 하고 여러 가지 업무에 대한 정보화로 인하여 그 업무의 성과관리가 노동자에게 미칠 악영향을 간파한 것이다.

회사의 경영 효율성보다는 노동자의 권익을 앞세우는 입장에서는 매우 정확한 지적이라고 할 수는 있다.

아무튼 BPR은 조직개편에 따른 구조조정과 감원이 목표라는 생각이 더 지배적이라서 PI라는 용어를 쓰는지도 모르겠지만 PI가 협의의 BPR인 것만은 틀림이 없다.

■ 공공분야의 BPR은 구조적으로 어렵다

그런데 공공분야의 경우에 BPR의 실행이 어려운 것은 또 다른 이유가 있다고 나는 생각한다.

나는 2개 부처의 정부정책업무에 대하여 프로세스 중심의 정책관리를 위한 정보시스템 개발을 목표로 BPR컨설팅과 이와 관련된 정보시스템 개발에 참여를 한적이 있었다.

그 당시 정부는 정책의 프로세스화와 정책품질이라는 키워드를 내세우던 시절이었다. 그 중에 A부처는 기업출신의 CEO가 장관을 하고 있었고 기업에서 적용하던 프로세스 혁신 방법을 정부정책에 적용하고자 하였지만, 그 타당성과 효용성에 대하여 공무원들의 전폭적인 지지를 받지는 못하였다.

정부의 정책은 정치의 영향을 많이 받기도 하고 완성된 정책이라도 국회나 국민의 반대로 인해서 무산되는 경우도 허다하기 때문에 절차를 지키기가 어렵다는 것이 주요 이유였다.

그리고 정책의 확정과 결과가 불투명한 상태에서 자신의 업무 과정을 투명하게 공개하는 것이 부담스러운 것도 중요한 이유 중에 하나였다.

새만금 간척사업이 진행되던 시절에 그 당시 노무현 전대통령이 담당 공무원의 업무 진행과정을 모두 볼 수 있게 하라는 지시가 있었다. 하지만 이 말이 와전돼서 대통령이 최하 말단 실무자의 업무까지도 일거수일투족을 감시하려고 한다는 말이 언론에 보도되었던 시절이었다. 하지만 노 전대통령은 정책관리의 투명성을 강조했던 것이었다.

그 당시 BPR/ISP 컨설팅과 함께 파일럿 시스템으로 개발하였던 정책관리 시스템은 그 후에 확대 개발을 해서 현재도 정책업무관리 시스템으로 전체 중앙정부 각 부처 급에서 사용 중에 있는 것으로 알고 있다. 하지만 정책관리 업무가 혁신적으로 바뀌어서 효율과 효과가 획기적으로 바뀌었다기보다는 정책관리 업무지원의 도구로서 다소 좋아졌다는 정도라고 할 수 있다고 나는 판단한다.

B부처의 BPR 컨설팅을 수행하면서 중간보고회를 위한 워크숍에서는 담당 공무원과 논쟁을 벌이기도 했다.

'기업은 목표 지향적이고 대표이사가 독재적인 경영권을 행사하기 때문에 BPR(Re-engineering, 재구조화)이 가능하지만 공공은 절차 지향적이고 정해진 법에 의해서 업무가 진행되기 때문에 Re-engineering은 불가능하고 다만 Refining(정제)만 가능하다'라는 나의 의견에 대해서 담당공무원은 '공무원도 목표지향적으로 일을 하고 있다'라고 반론을 제기하였다.

물론 틀린 말은 아니지만 공공조직은 법에서 정해진 업무를 수행하도록 그 범위와 대상 그리고 방법이 정해져 있다.

장관이 정책목표를 달성하기 위하여 임의로 조직과 법을 바꿀 수는 없기 때문에 공공의 BPR목표는 법에 따라서 이것을 체계적으로 수행하기 위한 프로세스를 정제하고 관리하기 위한 틀을 마련하는 것이라고 부연 설명을 하였었다.

이러한 것들이 공공분야에 BPR(Re-engineering)의 실행이 어려운 이유이고 한계이기도 하다. 앞서 예로 들었던 기업의 설비관리 업무의 BPR 전후 비교와 같이 법에서 정해진 부처조직과 기능을 장관의 지시로 즉시 바꿀 수 있겠는가? 그것은 국회의 동의 없이는 대통령도 못하는 일일 것이다.

아무튼 이 책은 ISP에 관한 것이므로 BPR에 대한 이야기는 여기 까지만 하기로 하자.

ISP와 EA의 차이점

ISP개념은 1980년대에 영국의 제임스 마틴[9]에 의해서 정보공학이 소개된 이후에 1990년 초에 이를 바탕으로 미국에서 나타난 것이다.

ISP는 새로운 정보화 체계를 계획하기 위한 방법이고 EA (Enterprise Architecture)는 2000년대 초에 역시 미국에서 개발한 정보시스템 구축 및 운영을 위한 컨설팅 방법론이기도 하고 시스템 관리 방법론이기도 하다.

이 책에서 EA를 거론하는 이유는 EA가 정보시스템 설계를 위한 컨설팅 방법론의 일종이며 ISP이후 변화된 모습이기도 하기 때문이다. EA방법론은 그 이전에 ITA(Information Technical Architecture)방법론이 시초였으며 정보시스템 신규 개발의 타당성을 확보하기 위하여 만들어진 것이다.

무분별한 개발과 이에 따른 예산 증가를 통제하려는 미국 예산관리처(Office of Management and Budget, OMB)의 정책에 따라서 1990년대 초반부터 시작된 방법론이다.

EA 방법론의 핵심은 신규로 정보시스템을 개발하기 전에 기존 시스템들의 기능과 데이터를 참조해 보고 재활용성을 높이고자 하는 것이다.

하지만 EA는 기본적으로 기존 시스템의 재활용을 극대화하기 위한 관점으로 출발을 한다. 그러한 이유 때문에 전혀 새로운 새

---

9)　제임스 마틴(James Martin, 1933. 10. 19~2013. 6. 24) 영국의 미래학자

로운 시스템을 개발하고자 하는 요구에 부응하기에는 부족한 면이 있다.

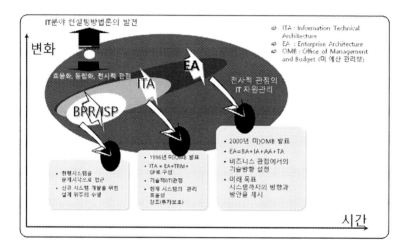

[그림 3] IT분야 컨설팅 방법론의 변화

이러한 EA와 ISP를 비교하는 또 다른 이유는 ISP이후에 새롭게 나타난 컨설팅 방법이고 신규로 개발하고자 하는 정보시스템의 타당성에 대한 근거가 서로 배치되기 때문이다.

EA는 업무와 운영 중인 정보시스템과 업무에 대한 정보를 관리하면서 새로운 요구에 대한 타당성을 분석하여 신규로 정보시스템을 개발할 것인지에 대한 판단을 하는 것이다.

반면에 ISP는 기존의 정보시스템을 개선의 관점으로 출발을 하며, 새로운 기능에 대한 동향을 파악하여 조직의 업무에 반영을 하거나 새로운 사업의 기회를 포착하기 위한 방법론으로서 EA와 근본적으로 차이가 있다.

물로 EA방법론에도 BA(Business Architecture)분야가 있다. 이것은 정보시스템 지원이 없거나 부족한 부분에 정보화 지원방향을 수립하는 것인데 이것 역시 기존에 이를 지원하는 기능이 있는 경우에는 보완 정도의 수준이다.

EA는 Top Down 방식 보다는 Bottom Up에 가깝다고 볼 수 있다. 특히 외부의 영향요인이나 타 사례 참조를 해서 반영하는 경우에 이를 정확하게 가이드 하는 방법이 모호하다는 것이다.

하지만 EA시각으로 ISP를 바라보면 ISP는 무분별한 정보시스템 양산기로 비추어질 수도 있었고 통제의 대상이 될 수도 있었을 것이다. 혹자는 ISP에 문제점 중에 하나로서 컨설팅을 할 때마다 제출되는 보고서에 내용 간에 연속성이 부족해서 1회성에 그칠 뿐이라고 지적을 하기도 한다.

하지만 초기에 금융분야와 공공분야에서 많은 관심을 가졌던 EA는 최근 들어서 관심도가 많이 떨어졌다. 그것은 기존시스템 운영의 효율화보다는 남들보다 더 빠르게 새로운 기술을 탐구하고 업무에 적용하려는 경쟁의식이 ISP에 다시 관심을 갖게 되는 이유일 것이다.

또 다른 이유가 있다면 EA는 조직 내에서 현재 운영 중인 각종 정보시스템에 대하여 그 효율성을 극대화하는 과정에서 필연적으로 현재 시스템에 대한 평가를 하게 되는데 책임자 입장에서는 별로 탐탁치 못하게 느껴 질 수도 있다.

나도 과거에 기업의 정보시스템 관리 부서에 책임자로 근무를 한 적이 있었는데 ITA가 도입되기 시작한 초기에 그러한 느낌을 받고 이 방법은 오래가지 못할 것이라는 추측을 한 바가 있었다.

그 누구도 자신의 업무에 대해서 평가를 받아야 하거나 자산 관리에 심혈을 기울여야 한다면 이를 흔쾌하게 받아들일 사람은 없다. 그러한 일 보다는 새롭고 미래지향적인 일에 관심을 갖기 때문이다. EA가 투자보호 측면에서는 더할 나위 없이 훌륭한 방법이지만 인간의 본성과 시장의 요구에까지 충족시키기엔 ISP에 비해서 부족하다는 뜻이다.

공공분야 ISP는 감리를 받는다

ISP수행에 대한 내용은 그 절차나 방법에 있어서 기업과 공공이 차이가 없지만 유난히 공공분야는 ISP결과의 품질에 대해서 감리제도를 운영하고 있다.

모든 ISP프로젝트에 대해서 그 제도를 실행하는 것은 아니고 그 기관의 판단에 따라서 하고 있다.

일종의 품질평가를 받는 것이다. 이를 위해서 정부는 ISP 사업을 통해 작성된 산출물의 구체성이 떨어지거나, 일부 사업의 경우 하드웨어 용량 산정의 적정성 등에 대한 문제가 제기되는 등, ISP 사업 결과물로서 사업수행 단계별 산출물에 대한 품질을 제고하기 위한 제도를 시행하는 것이다.

즉 작성되는 단계별 산출물에 대해 품질관리를 감리라는 제도를 통해서 실행을 하고 있다.

이 책의 서두에서 소개한 바와 같이 기획재정부 주관으로 공공부문의 정보화 사업에 대하여 ISP수립을 의무적으로 수행할 것을 요구하고 있고 이에 대한 품질을 강화하려고 하는 것이다.

<표 2> ISP 산출물 점검 기준

점검기준		설명	관점
완전성(작성유무)		해당 절차가 수행되고, 산출물이 작성되었는지 여부	객관적
준거성(준수여부)		내용이 기준, 표준에 근거하여 작성되었는지 여부	객관적
적정성	일관성	산출물의 내용이 일관되고, 상호 연결되었는지 여부	주관적
	정확성	내용이 정확하게 작성되었는지 여부	주관적
	충분성	내용의 구성이 충분하게 작성되었는지 여부	주관적

(출처: ISP산출물 점검 가이드 V1.0, 2015.07, 한국지능정보사회진흥원)

어쨌든 공공ISP에서는 이 방법으로 ISP 품질을 관리하는 제도가 있고 ISP사업자는 부득이 이를 수용해야만 한다. 이에 관한 상세한 사항은 전자정부법과 NIA[10](한국지능정보사회진흥원)에서 발간한 '전자정부지원사업 정보화전략계획(ISP) 산출물 점검 가이드'를 참조할 수 있다.

---

[10] NIA(National Information society Agency)

ISP 수립 방법론은
마라톤 경기규칙과 같다

ISP 수립을 위해서는 ISP수립 대상에 대한 이해와 이를 바탕으로 개선하여야 할 점을 찾고 개선 방법을 구체적으로 제시하는 것이다.

이러한 일을 체계적으로 하기 위한 절차와 방법을 정한 것을 방법론(Methodology)이라고 한다. 방법론은 마치 같은 코스를 달리는 마라톤 선수들이 지켜야 하는 경기규칙이라고 할 수 있다.

방법론이라고 하면 어렵고 딱딱하고 형식적이며 거창하게까지 느껴지지만 같이 일하는 사람들 간에 그 방법을 공유하는 것이라고 생각하면 된다. 10년차 직원이나 신입사원이나 같은 절차와 방법으로 일을 하는 것을 의미한다. 이렇게 일을 해야만 서로 간에 역할과 책임을 구별할 수 있고 의사소통과 품질관리가 가능하기 때문이다.

이것은 마치 같은 코스를 달리는 마라톤 선수가 지켜야 할 비교적 단순한 경기규칙과 같다고 할 수 있다.

몇 명은 랭킹 1위의 금메달 급이고 또 다른 몇 명은 초보자라고 했을 때 비록 서로의 실력차이는 많겠지만 목표도 같고, 뛰어가는 길도 같고 뛰는 방법도 같기 때문에 혼란 없이 경기를 진행할 수 있는 것과 같다고 할 수 있는 것이다.

ISP에 대하여 방법론이라고 일컬어지기 시작한 것은 1980년대 중반 James Martin에 의해 정보공학(Information Engineering)의 체계가 정리되면서 미국으로부터 본격적으로 활용되었다. 그 이후에 국내외 각 컨설팅 회사들은 각자의 독특한 방법론을 개발하여 ISP를 수행 중에 있다. 어쨌든 만일 방법론이 없이 ISP를 수행하게 되면 무엇부터 해야 할지, 어디까지 해야 할지 두서없이 진행을 하게 되며, 그 결과물에 대한 신뢰도가 저하될 것이다.

ISP와 같이 계획을 세우는 일 일수록 범위설정에서부터 투자대비효과 산정에 이르기까지 체계적으로 진행을 하여야만 한다. 이것은 시스템 개발에서 필연적으로 나타나는 시행착오를 최소한으로 줄여주는 역할을 해야 하기 때문이다.

개발에서 발생하는 시행착오는 때로는 심각한 위험요소로 작용을 하기도 하기 때문에 ISP 단계에서 방법론의 설정과 적용은 매우 중요하다는 것이다.

특정 조직 내에 IT부서 직원이 담당업무를 수행하기 위하여 자체적으로 ISP를 수행할 때도 방법론이 필요하지만, 특히 컨설팅 용역을 수행하는 전문업체의 경우에는 당연히 나름대로의 방법론을 구성하여 일을 하여야 한다.

나는 제조, 서비스, 의료, 공공, 국방, 금융분야 등 여러 부문에 컨설팅을 했다. 그런데 그 분야에 모두 실무경험이 있다고? 설마 그럴 리가? 지난 37년간 내가 직접 경험한 것은 제조업과 SI(System Integration)서비스업 그리고 공공 분야 일부이다.

그렇다면 전혀 생소한 분야에 컨설팅을 어떻게 하겠는가? 바로 방법론의 숙달과 적용이다.

내가 수술을 해본 적도 없고 진단과 처방을 해본 적도 물론 없지만 컨설팅 방법론이라고 하는 틀에 그 업무를 넣고 살피는 것이다. 그리고 문헌조사 등 간접 경험과 담당자와의 면담을 통해서 그 업무에 절차와 방법을 파악한다는 것이다.

그것은 이세상에 그 어떠한 업무와 기술 그리고 구조도 작게 나누고 순서를 살피면 똑같이 하지는 못하지만 이해는 가능하다는 뜻이다. 분할과 정복(Divide and Conquer)의 원칙을 적용하는 것이다.

특히 방법론은 프로젝트를 수행하면서 초기에는 WBS[11]와 보고서 목차에 기준으로 삼는다.

[그림 4] 방법론의 적용(WBS와 보고서 목차)

---

11) WBS(Work Breakdown Structure, 작업분할도)

이렇기 때문에 방법론이 중요하다는 것이며 결코 이론적이거나 형식적인 것이 아니라는 것이다. 참고로 나는 WBS와 보고서 목차를 같은 시트에 관리를 한다. 이런 방법이 여러모로 편리하기 때문이다.

이 책에서 소개하는 ISP방법론은 특정 회사나 이론가의 것이 아니고 내가 현장에서 사용하고 있고, 공통적으로 일반화된 방법론을 소개하는 것이다.

따라서 지적재산권을 주장할 만큼 독창적이지도 않으며, 여러 가지 방법이 혼합된 것이기 때문에 독자 여러분들은 임의로 사용을 해도 좋다는 뜻이다.

그리고 이 책에서 소개하는 사례들은 내가 직접경험 한 것도 있고 별도로 작성한 것도 있으며 타 사례를 참조한 것도 있다.

다만 기업의 경우에는 임의로 공개할 수 없기 때문에 일부 편집을 했고 공공의 경우에도 홈페이지 등을 통해서 잘 알려진 범위 까지만 기술을 하였다.

방법론은 차량 네비게이션과 같지만

ISP는 관련 업무의 정보화 즉, 정보시스템 개발을 전제로 수행을 한다.

우선은 ISP의 대상 범위를 정하고 이것에 대하여 대외적으로 는 ISP 대상의 외적 영향요인을 분석한다.

대내적으로는 대상업무와 정보시스템에 대한 조사와 분석을 하여 시사점과 개선하여야 할 목표를 설정하는 과정을 정하는 것이다.

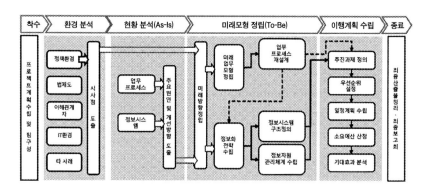

[그림 5] ISP 방법론 절차도(개략모형)

정보전략계획 ISP 수립 실무

ISP는 정보시스템 개발을 전제로 진행하는 것이며 공학적이고 기술적인 면이 강조되는 구조적인 접근이 필요하다. 이것이 경영전략, 마케팅전략과 다른 점이다. 즉 ISP는 순방향으로는 논리적이어야 하고 역방향으로는 검증이 가능하여야 한다는 뜻이다.

그리고 ISP는 경영전략이나 마케팅전략보다 보다 더 구체적으로 세분화되어 있고 그것들 보다 더 경직되어 있다고 해도 과언이 아니다.

ISP수립을 위한 절차와 활동은 다음과 같이 구성할 수 있다.

[그림 5]의 절차도(개략모형)은 [그림 6]의 세부내용과 같이 다시 표현을 할 수 있다.

Phase	Activity	Task
1.0 프로젝트 착수	1.1 프로젝트 계획수립 및 팀구성, 착수보고회	1.1.1 사업목적 및 범위 확인 1.1.3 프로젝트 환경조성 및 팀구성 1.1.5 프로젝트 수행계획 수립 1.1.7 착수보고회 실시
2.0 외부 환경분석	2.1 경영환경 분석	2.1.1 정책, 법/제도 및 사업환경분석 2.1.3 경제, 산업환경 분석 2.1.5 타 사례 분석 2.1.7 프로젝트 관련 요구사항 분석
	2.3 정보환경 분석	2.3.1 주요 정보기술 동향 파악 2.3.3 정보기술 적용성 분석 2.3.5 정보화의 방향과 기본요건 도출
3.0 내부 현황분석	3.1 업무프로세스 분석	3.1.1 업무현황 및 체계 분석 3.1.3 업무프로세스 파악 및 정립
	3.3 정보시스템 분석	3.3.1 정보공유 현황 및 상호 연계성 분석 3.3.3 정보시스템 현황 및 관련정보체계 분석 3.3.5 관련정보화 기반 및 관리체계 분석
	3.5 요구사항정의/개선과제도출	3.5.1 종합 문제점 및 요구사항정립 3.5.3 개선목표/방향 정립 및 개선과제 정의
4.0 미래모형 정립	4.1 미래업무모형 정립	4.1.1 개선목표 및 개선방향 확정 4.1.3 비전 및 목표 정립
	4.3 핵심 업무프로세스 재설계	4.3.1 목표업무체계 및 핵심프로세스 정의 4.3.3 핵심 업무프로세스 재설계
	4.5 정보화전략 수립	4.5.1 정보화 비전 및 목표 확정 4.5.3 정보공유 체계 및 구축전략수립
	4.7 정보시스템 구조 정의	4.7.1 목표시스템 및 기능정의 4.7.2 목표시스템 DB 구성 4.7.3 목표시스템 기반 구조 구성
5.0 실행계획 수립	5.1 정보화과제 추진방안 수립	5.1.1 과제목록화 및 추진방향설정
	5.2 통합 실행계획 수립	5.2.1 전환 및 실행전략 수립 5.2.2 후속 사업 정의 및 순위 설정 5.2.3 소요자원 산정 및 일정 계획 5.2.4 기대효과 산정 5.2.5 변화관리방안 수립
6.0 프로젝트 종료	6.1 최종 산출물 종합정리 및 프로젝트 최종보고회	6.1.1 최종 산출물 정리 6.1.3 종료보고회 준비 및 실시

[그림 6] ISP 방법론 세부 내용

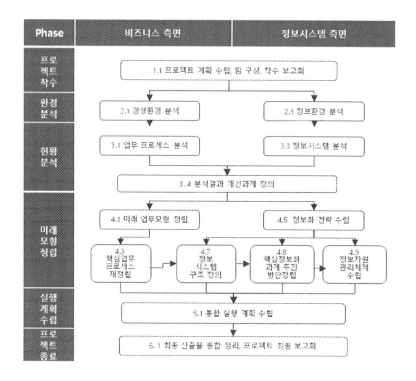

[그림 7] 방법론 흐름도

[그림 7]의 방법론 흐름도는 [그림 5]의 절차도(개략모형)을 위에서 아래로 재 편성을 한 것이다. 그 내용은 동일하지만 중요한 것은 단계의 흐름이다. 컨설턴트는 방법론 흐름도를 통해서 아래와 같이 2가지 중요한 사항을 확인할 수 있다.

- 첫째 다음에 할 작업이 무엇인가?
- 둘째 내가 지금 하는 작업의 결과가 다음 단계 어디에 쓰일 것인가?

첫째 보다는 둘째가 더 중요하다. 그 이유는 작업에 몰두를 하

　　　　　　　　　　　　　　　　　　　　정보전략계획 ISP 수립 실무

다 보면 다음에 쓰임새가 없는데도 불구하고 열심히 작업을 하는 경우가 있다.

이러한 현상은 조사단계에서 많은 자료를 보거나 면담을 할 때 당초의 목표와는 벗어난 주제를 보거나 대화를 하는 경우에 발생한다. 특히 ISP주제와 관련 있는 자료(고객 내부자료, 외부 참조 문헌 등)를 찾다 보면 간혹 평소에 관심이 있었지만 본 사업과는 거리가 먼 자료를 보게 된다.

여기에 몰입을 하는 경우에 예측하지 못했던 방향으로 진행을 하게 된다는 것이다. 아무리 방법론이 촘촘하게 구성되어 있어도 내용까지 안내를 할 수는 없다. 그래서 방법론 즉, 보고서의 흐름에 대해서 2가지를 늘 유념해야만 한다.

▓ 공공분야의 ISP 방법론은 예산을 강조

정부에서는 공공분야 ISP를 위하여 그 방법론을 제공하고 있다.

공공분야라고 해서 기업과 다른 점은 별로 없으니까 기업에서도 참조를 할 만하다. 이것은 'ISP 수립 공통가이드'인데 모든 공공기관은 이것을 바탕으로 ISP를 수행하고 그 결과를 NIA에 제출을 하고 NIA는 산출물의 적정성을 검토한 후에 그 결과를 다시 기획재정부에 제출을 한다.

예산편성에 참고를 하기 위해서이다. 그래서 공공ISP의 경우에는 예산수립과 정량적 기대효과에 더 많은 노력이 필요하다.

<표 3> 정보화전략계획 기본 구성 내용

대상업무		세부내용	산출물
환경 분석	경영환경분석	외부환경 요인과 경영전략 분석을 통해 변화를 유발하는 요인에 대응하기 위한 시사점 도출	경영환경 분석서
	법령/제도분석	관련 법·제도 분석을 통해 사업에 영향을 미칠 수 있는 요구사항을 도출하여 목표모델 설계 시 반영	법/제도 분석서
	정보기술(IT) 환경분석	최신 정보기술 추세와 기술환경 변화를 검토하여 최신 정보기술의 적용가능성 및 적용 사례 분석	정보기술 동향 분석서
현황 분석 (As-Is 분석)	업무현황 분석	조직의 역할 및 업무체계를 분석한 후, 업무절차맵(Process Modeling), 업무기능(Activity) 정의서 등을 작성하여 현행 조직과 업무체계 상의 문제점 및 개선 요구사항을 도출	인터뷰 결과 포함
	정보기술(IT) 현황 분석	(업무시스템 분석) 업무시스템 현황을 분석·진단하여 문제점 및 개선요구사항을 도출 (데이터 분석) 데이터 현황을 분석·진단하여 문제점 및 개선요구 사항을 도출 (인프라 분석) 하드웨어, 소프트웨어, 네트워크, 스토리지 등 현행 인프라를 분석·진단하여 문제점 및 개선요구사항을 도출 (IT거버넌스 분석) IT 업무관리 프로세스를 분석·진단하여 문제점 및 개선요구사항을 도출	정보기술 업무현황 분석서
	벤치마킹	현황 분석(업무 & 정보기술)을 통해 도출된 문제점 및 개선요구사항을 바탕으로 벤치마킹 대상(항목)을 선정한 후, 선진사례 조사·분석을 진행	선진사례 동향 파악서
	차이(GAP) 분석	선진사례의 업무절차 및 정보기술 요건을 도출한 후, 기 도출된 정보화 요건과의 차이를 분석하여 과제의 보완작업 및 개선방향을 설정	차이 분석서
	이슈통합 및 개선과제 도출	현황 분석을 통해 도출된 이슈(문제점 및 개선요구사항)를 종합하여 연관성이 높은 이슈 사항들을 그룹화	요구사항 및 개선과제 분석서

		그룹화한 이슈에 대해 근본원인을 분석한 후, 개선과제를 도출(선진사례 조사·분석을 통해 도출된 시사점 적용)	
정보화 비전 및 전략 수립		환경분석과 현황 분석 결과를 연계하여 정보화 비전, 목표, 단계별 실행 전략 등을 수립하고 정보시스템 구축 원칙과 정보시스템에 적용할 기술 요건 및 정보관리 전략을 수립	정보화 전략 정의서
목표 모델 설계 (To-Be Model)	To-Be 개선과제 상세화	현황 분석에서 도출된 개선과제들의 상세화 작업 수행(과제 개요, 추진 범위, To-Be 개선방향, 적용사례 등)	To-Be 과제 상세 정의서
	T0-Be 업무 프로세스 설계	개선과제 내역, 선진사례, IT 개선방향을 종합적으로 고려하여 최적화된 To-Be 업무 프로세스 재설계 To-Be 업무 프로세스 내 IT 지원 업무기능(Activity) 단위의 시스템 개발을 위한 기능(Function) 요건 상세 정의	To-Be 업무 프로세스 설계서
	To-Be 정보시스템 구조설계	전략적 정보시스템 구축을 위한 이상적인 응용서비스(Application) 구조를 정립	To-Be 정보 시스템 구조 설계서
	To-Be 데이터 구조설계	정립된 정보시스템을 효율적으로 운용할 수 있는 정보자원(데이터) 관리 체계를 정리	To-Be 데이터 구조 설계서
	To-Be 기술 및 보안 설계	전략적 정보시스템 구축을 위한 필요 기술 요소 및 기반(인프라) 구조를 정립	To-Be 기술 및 보안 구조 설계서
통합 이행 계획	통합 이행계획 수립	과제별 우선순위 평가 및 전략적 특성, 시스템 간 연관성을 바탕으로 개선(이행)과제 간의 선후관계를 고려하여 추진체계 및 실행일정 수립	통합 이행계획 수립서
	총구축비 산출	(SW 개발비) 이행과제별 기능점수(FP) 산정후, 개발비 도출 ※ FP 산출이 불가한 이행과제에 한해 투입공수(MM) 기반으로 산정 (장비비) SW구매, HW구매 등 항목별 규격, 수량, 금액 내역	
	효과분석	타당한 기대효과 분석 ※ 대규모 정보화사업(예비타당성조사 대상)은 정량적 편익 분석을 기반으로 경제적 타당성 분석(B/C, NPV 등) 필요	

(출처: 정보화전략계획(ISP) 수립 공통 가이드(제5판), 2021.05, NIA)

앞서 말한 바와 같이 우리나라의 공공분야는 수년 전부터 기획재정부 주관으로 공공부문의 정보화 사업에 대하여 ISP수립을 의무적으로 수행할 것을 요구하고 있다. 그 이유는 그동안 ISP는 필요한 경우에만 일부 수행을 했는데 반해서 국회와 감사원으로부터 정보시스템의 중복 개발 등 정보화 사업 전반에 대한 문제가 지속적으로 제기되었다.

정보시스템의 신규 구축 사업에 대한 타당성 부족, 예산 산정 부적정, 활용률 저조 등 그 문제의 핵심은 예산낭비였다.

기획재정부는 이러한 문제를 방지하기 위하여 연간 약 6조 원(2019년 기준)에 달하는 국가 정보화 사업에 내실화를 기하기 위하여 ISP에 대하여 보다 깊은 관심을 가지고 체계적인 수행을 요구하게 된 것이다. 법적인 의무사항은 아니지만 예산권이 있는 이곳에서 이것을 기준으로 예산편성을 한다고 하니까 사실 법보다도 더 강력한 강제력을 행사한다고 볼 수 있다.

이렇게 그 목적이 무엇이든 간에 정부에서는 컨설팅 방법론을 가이드 하고 있는 반면에 개발방법론은 연구 정도는 하고 있지만 아직 공식적으로 표준화된 지침을 권고하거나 강제화를 하지 않고 있다.

사실 정부가 개발표준에 대해서 처음부터 관여를 하지 않은 것은 아니다. 지금의 인터넷 망을 설계하던 1990년 중반에 정부에서는 초고속정보통신망 구축사업을 진행 과정에서 관리기법/1(Method /1)이라고 하는 정보시스템 개발 방법론을 발표했다(정보통신부, 한국전산원)

구조적 개발을 지원하는 방법론이었는데 정부는 모든 공공 정보화 사업에 이것을 준용하게 하기 위해서 제안요청서에 이 방법대로 개발과 사업관리를 하도록 요구를 했다.

그 결과 모든 절차와 산출물은 자연스럽게 표준화가 되었고 개발자들 간에 의사소통은 원활했으며 사업자가 바뀌더라도 전임사업자의 산출물을 후임 사업자가 참조하는데 별 무리가 없었다. 그러하던 것이 2000년 중반부터 시스템 개발구조가 구조적에서 객체지향적으로 바뀌면서 점차 사라졌다. 그 이후에 공공기관에서 공지하는 제안요청서에는 이런 문구들이 삽입되었다. '개발방법론은 제안사의 방법론을 사용하되 발주기관과 협의에 의한다'라고.

하지만 개발방법론에 대해서 발주기관과 협의를 한 사례는 한 번도 없을 것이다. 극히 일부 공공기관을 제외하고 개발통제권을 모두 각각의 개발 사업자에게 넘긴 것이다.

나는 이러한 문제가 공공정보화 사업의 품질을 저하시키는 주요 원인 중에 하나라고 생각한다.

나는 정보시스템 개발 방법론을 2차례 연구한 적이 있었다. 국내에 수많은 개발방법론이 있는데 뭐 하러 똑 같은 걸 또 연구해야 하느냐고 반문을 하는 담당공무원에게 나는 많은 개발방법론이 있는데 왜 정보시스템 개발에 문제점이 많이 발생하고 있는지를 다시 상기시키고 새로운 방법론의 개발이 아니고 기존에 방법론의 활용성을 높이자고 하는 것이라고 설명하였다.

2013년도에 정부는 공공 정보시스템 개발에 대기업의 참여를 제한하는 조치를 하였는데 중소업체의 권익을 보장해 주기 위해서였다.

하지만 나는 그 이후로 중소업체에 의한 정보시스템 개발은 그 품질이 더 저하되고 있다고 판단을 했는데 가장 큰 이유를 개발방법론의 부실한 적용이라고 생각했다. 2번째 연구에서 최근 5년 간 20여 개 SI기업이 수행한 310개의 공공 정보화 사업 결과 산출물을 분석했다.

그 결과 상호 불일치 되는 단계구분이 41%가 넘었고 그 하위에 활동이나 작업은 당연히 더 많았다. 극단적으로 보면 41%가 서로 다른 방법으로 개발을 하고 있다고 봐도 과언이 아니었다.

〈표 4〉 개발 산출물 조사결과 표

단계 명칭	동일(개)	유사(개)	합계(개)	비고(유사 명칭)
분석	1,077	741	1,818	요구정의, 요구분석 등
설계	2,111	413	2,524	아키텍처설계, 모델링, 디자인 등
개발	337	1,006	1,343	구축, 구현, 설치 등
시험	200	137	337	테스트 등
전개	186	424	610	구현인도, 이행, 운영전환 등
합계	3,911	2,721	6,632	불일치 율(41%)

(출처: 중소 IT기업 지원을 위한 전자정부시스템 구축 표준방법론 실증모델 연구 보고서, 2015.12, 김미량, 한필순 외)

이런 상태에서는 시스템의 품질을 좌우하는 설계서 등의 산출물에 대해서 좋은 기대를 하기는 어렵다. 앞서 말한 바와 같이 방법론은 마라톤 경기규칙과 같아서 이를 정하고 준수하는 것이 중요한데 각자의 규칙을 만들고 각자대로 진행을 하면 경기가 엉망이 되는 것과 같다는 뜻이다.

물론 대기업이 하면 품질관리가 잘되고 중소기업이 하면 못한다는 뜻이 아니다. 내가 2차례 관련 연구를 하면서 사례를 분석한 결과에 따르면 대기업들도 사업의 유형과 투입되는 개발자에 따라서 다른 경우도 많았다. 다만 중소기업이 통계적으로 더 많았다는 것뿐이다.

내가 오랫동안 근무를 했던 SI회사에서는 방법론을 지원하는 시스템을 개발해서 각 현장에서 개발을 하는 직원들에게 인터넷을 통해서 제공을 했다. 개발유형과 규모에 따라서 방법론 절차, 산출물 템플릿 등을 상세하게 제공을 했고 때로는 타 프로젝트 산출물까지 제공을 했다.

특히 방법론 마법사(Methodology Wizard)기능은 PM이 몇 가지 프로젝트 조건을 선택하면 그에 맞는 방법론을 제공해 주어서 매우 유용하게 사용했었다.

표준은 특허와 달리 어떤 특별한 기술이 아니고 이미 보편화된 기술을 공유하는 것이다. 발전은 그를 기반으로 하는 것이라고 생각한다. 다만 표준은 정부의 규제나 시장의 지배력과 같은 강제력이 따르지 않으면 그 실효성을 기대하기 어렵다. 공공사업의 경우 정부가 나서야 하는 가장 큰 이유이다.

한국은 지난 10여 년간 UN에서 평가하는 전자정부 발전지수[12]가 190여 개 국 중에 전 세계에서 유일하게 2010년부터 2022

---

12) 유엔은 2002년부터 2년마다 193개 전체 회원국을 대상으로 홀수 연도에 각국의 '전자정부 발전지수(EGDI)'를 평가하고 짝수 연도에 그 결과를 발표하고 있다.

년까지 7회 연속으로 3위 이내의 순위를 기록하고 있는 국가다. 1등을 3년 연속으로 평가를 받은 적도 있다.

평가항목은 온라인 서비스, 통신인프라, 인적 자본이 기준이다. 하지만 만일 시스템의 품질까지 평가를 한다면 어떻게 바뀔지 궁금하다.

내가 ISP방법론에서 개발방법론까지 거론하는 이유는 방법론의 중요성에 대해서 이야기를 하려고 하는 것이다. 나는 여러 개의 개별기업으로 구성된 그룹의 경우에도 이러한 표준 개발 방법론이 필요하다고 생각한다. 이것이야말로 시스템 개발의 효율성과 유지보수성을 향상하게 할 수 있는 유일한 수단이기 때문이다.

차량에 네비게이션이 안내를 해주는 경로를 벗어난 경우에 경고를 해 주는 것과 같이 방법론도 그런 기능이 있으면 참 좋겠다. 아마도 인공지능기반의 ISP나 개발 방법론이 나온다면 가능할 텐데 말이다.

목표가 정해져 있으면 연역적, 없으면 귀납적

ISP를 수행하기 위한 접근 방법은 크게 귀납적과 연역적으로 구분할 수 있다. 귀납적 접근은 정보화 주제가 딱히 정해져 있지 않은 상태에서 이를 발굴하고 구체화하기 위한 방법이라고 할 수 있다.

연역적 접근은 정보화 주제(범위, 대상)가 구체적이거나 혹은 막연하게나마 정해져 있는 상태에서 이것을 더 구체화하기 위한 방법이라고 할 수 있다. 다시 말해서 정보화 대상이 아직 미정인 상태이거나 대상을 정하기 위한 ISP라면 귀납적으로 접근을 하여야 하고, 이는 환경과 현황 분석에 많은 노력을 폭넓게 하여야 한다는 뜻이므로 이 부분에 탐색적 노력을 기울여야 한다.

반면에 정보화 대상이나 주제가 명확하다면 연역적 접근이 필요하므로 환경과 현황 분석 및 미래모형에 대한 분석과 설계가 정보화 대상이나 주제에 국한하여 자세하게 다루어야 한다. 전사적으로 타 경쟁업체와의 경쟁에서 우위를 점유하기 위하여 어떤 부분에 정보화가 필요할까? 이 때는 귀납적 방법으로 광범위하게 접근을 한다.

어느 부분에 정보화를 더 강화하여야 할까? 인사관리 업무에 인공지능 기술을 도입하고 싶은데 방법을 잘 모를 때에는 연역적 방법을 사용하게 된다는 뜻이다. 요즈음 ISP의 수립에 대해서 기업부문은 전사적으로 모든 업무에 대하여 종합적인 ISP을 수립하는 것 보다는 특정 업무 분야에 대하여 계획을 수립하는 경향이 있다. 최근에는 기업이나 공공분야 모두 귀납적 방법보다는 연역적 방법이 비교적 많이 적용되고 있다. ISP가 본격적으로 우리 사회에 적용되기 시작하던 1990년대부터 2010년대까지 약 20여 년간은 귀납적 방법이 많이 사용되었으며, Master Plan이라는 이름으로도 정보화 컨설팅 프로젝트가 많이 수행되던 시기였다.

이 시기에는 모든 조직이 정보화를 추진하기 위하여 정보화의 범위와 대상을 발굴하는데 초점이 맞추어져 있었으며 BPR도 비숫한 시기에 유행을 하였다.

2010년 이후부터는 정보화를 하고자 하는 범위와 대상에 대하여 이미 정한 상태에서 이를 구현하거나 도입하기 위한 방법으로 ISP를 수행하기 시작하였다. 무엇을 정보화 대상으로 하여야 할지 잘 모르던 시기는 지났다는 뜻이기도 하다.

이렇게 연역적 방법으로 ISP를 수행하게 된 배경에는 미국의 IDC(International Data Corporation)나 가트너그룹이 Gartner's Hype Cycle 등을 통하여 정보기술 트렌드 예측 변화를 매년 발표하고 있는 것에 기인한다고 할 수 있다. 이러한 정보기술변화에 대한 예측 자료는 조직업무의 정보화를 꾀하고자 하는 담당자에게는 매우 유용하게 구체적인 방향을 참조되는 자료이기도 하다.

담당자는 이러한 자료를 검토하고 구현이나 도입을 검토하게 된 것이고 이러한 방법이 바로 연역적 방법이라고 할 수 있다. 앞으로 우리 업무 어느 부분에 정보화가 필요할까?(귀납적)'가 아니고 '인사관리 업무에 인공지능을 도입 해보자(연역적)'라고 결정을 하는 것이다.

ISP는 귀납적이던 연역적이던 수행방법은 일반적인 연구 수행과 큰 차이는 없다. 정해진 연구 범위와 대상에 따라서 조사를 하고 분석을 해서 새로운 결론을 얻는 것이다.

때에 따라서는 연역적 방법과 귀납적 방법을 혼용해서 적용해야 할 때도 있다. 전사적으로 정보화 계획을 수립하면서 부분적으로 특정 업무를 지정해서 정보화를 계획하는 것이다. 예를 들어서 특정 회사의 정보화 마스터 플랜을 수립하면서 쇼핑몰 구축을 계획하고 있는 경우이다.

이러한 과정에 대해서 보다 체계적이고 논리적으로 진행을 하기 위해서는 나름대로 프로젝트 상황에 맞는 방법론의 최적화가 필요하다. ISP 수행을 혼자서 할 수 있는 것이 아니므로 여러 사람이 협업을 하여야 하기 때문에 진행 방법을 원활하게 공유할 수 있도록 표준을 만들고 서로가 지켜야 한다.

그리고 ISP 자체가 공학적 접근이므로 도출된 결론에 대하여 증명이 가능하도록 그 절차와 방법을 세분화하여 진행하여야 한다.

이것은 프로젝트 진행의 대부분을 통제하는 것이기 때문이다.

컨설턴트의 역할은 의사와 같다

ISP 컨설팅은 조사로 시작해서 분석으로 끝난다 해도 과언이 아니다. 이것은 충분한 조사와 의미 있는 분석이 되어야 미래모델 수립에 무리가 없다는 뜻이다. 조사와 분석이 불충분하면 그 이후에 수립된 미래모델에 신뢰를 하기가 어렵다.

그래서 나는 조사, 분석, 미래모형, 이행계획의 중요성, 몰입도, 컨설턴트의 역량 등을 종합해서 아래와 같은 분포로 일을 할 것을 추천한다.

조사와 분석이 전체에 50%정도이고 목표모델 수립이 40%이니까 분석에 더 많은 시간과 역량을 투입해야 한다는 뜻이다.

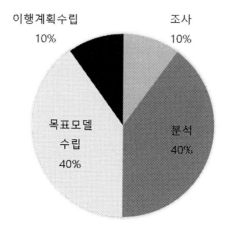

이행계획수립 10%　　　　조사 10%

목표모델 수립 40%

분석 40%

[그림 8] ISP 분야별 역량 집중 분포도

사실 고객은 컨설턴트의 역량이 미래모형과 이행계획수립에 집중되기를 원한다. 환경과 현황은 누구보다도 잘 알기 때문이다.

하지만 체계적이지 못한 경험적 지식을 바탕으로 미래모델을 설계하면 마치 모래 위에 집을 짓는 것과 같다. 실제 시스템 개발단계나 운영과정에서 예상치 못한 많은 어려움이 발생할 수 있다는 뜻이다.

이렇게 체계적인 방법으로 일을 하는 컨설턴트가 해당업무에 경험이 없으면 이해를 하는데 필연적으로 시간이 걸리는 것은 어쩔 수가 없다.

외부 환경 분석은 ISP 대상 조직과 프로젝트에 영향을 주는 외부 요인들에 대한 조사와 분석을 의미한다.

법, 정책환경(기업의 경우에는 경영환경 및 경쟁관계 등), 정보기술동향, 이해관계자, 타 사례 등 ISP 대상 조직이나 프로젝트에서 통제할 수 없는 것들에 대한 조사와 분석이 이에 속한다.

내부 현황 분석은 ISP 대상 업무에 대하여 업무 프로세스, 정보시스템에 대한 조사와 분석을 수행하는 것이다. 컨설팅 인력이 충분하다면 외부 환경 분석과 내부 현황 분석을 병행적으로 할 수 있다.

외부 환경 분석과 내부 현황 분석과정에서 SWOT[13] 등의 기법을 바탕으로 분석을 수행하기도 하지만 이 책에서는 생략하기로 한다. 이러한 기법들은 각각의 다른 고유영역이기도 하고 그 자체가 또 다른 큰 프로젝트이기 때문이다.

나는 ISP는 경영전략을 수립하는 것이 아니므로 특별한 요구가 있지 않으면 SWOT 분석은 수행하지 않는 것이 좋다고 생각한다.

그 이유는 SWOT 분석 후에 대응 전략에 따라서 과제가 도출되어야 하는데 ISP 목적이나 목표에 따라서 그 과제가 일치하지 않는 경우가 많기 때문이다.

SWOT 분석결과에 따라서 도출된 각각의 전략방향에 대응하기 위한 목표 정보시스템 중에 고객이 요구하지 않거나 필요하지 않다고 하면 공연히 자원만 낭비를 하게 되는 꼴이 된다.

요즘은 SWOT에 대해서 구체적으로 다루지 않는 경향이 있다.

여러 가지 이유가 있겠지만 프로젝트의 기간이 점점 짧아지고 있고, 짧은 기간에 비해서 이러한 분석 기법을 도입하기도 어렵

---

13) SWOT(Strength, Weakness, Opportunity, Threat)

거나 형식적으로 진행되는 경우도 있기 때문이다.

또한 많은 경영환경과 정책환경 그리고 내부 현황에 대해서 정보기술 분야와 거리가 있는 것들에 대해서도 분석을 해야 하고 각각의 내용을 정리해야 하기 때문이다.

그래서 고객으로부터 깊은 공감대를 얻기도 어려울 뿐 아니라 시간에 쫓기어서 어설프게 진행을 하면 오히려 신뢰감만 떨어지기도 한다. 결국 고객이 요구하지 않는다면 군이 SWOT 분석은 안 하는 것이 좋다는 뜻이다.

그리고 ISP프로젝트 주제가 정해진 것이라면 더더욱 할 필요가 없다. SWOT 분석 방법은 정보화 대상을 찾기 위한 귀납적 접근이 필요할 때 더 유효한 방법이기 때문이다. 다만 고객의 요구 등 꼭 필요한 경우에 따라서는 ISP 방법론에 적용할 수는 있다.

만일 SWOT 방법을 적용하는 경우에는 SW는 내부 현황 분석 단계에서 활용하고, OT는 외부 환경 분석에 활용하며 이를 바탕으로 SWOT 대응 전략을 각각 구성할 수는 있다.

프로젝트 수행자에 따라서 환경과 현황을 하나로 하거나 외부 환경(법제도, 선진사례 등)을 내부 현황에서 다루는 경우도 있는데 가능한 두 가지를 분리해서 접근하는 것이 좋다.

추후에 시사점과 개선방향 도출과정에서 혼란이 생길 수도 있거나, 누락되는 경우도 발생을 하기 때문이다.

그리고 2가지 분석을 분리하면 동시에 해도 혼란, 왜곡, 누락이 없이 진행이 가능하고 같은 기간에 서로 다른 컨설턴트가 진행을 하면 시간도 절약이 된다.

ISP를 대상조직과 업무를 기준으로 외부로부터 영향을 받는 것은 외부 환경 분석, 그 내부에 것들은 내부 현황 분석이라고 칭한다.

한가지 유념할 것은 외부 환경 분석의 경우에는 반드시 시사점을 도출하고 내부 현황 분석 결과는 개선방향을 제시하여야 하며 이 두 가지를 바탕으로 향후에 미래 미래모형에 반영을 하여야만 한다.

이것은 목표와 관련 없거나 ISP의 주제영역과 거리가 먼 것은 피해야 한다는 뜻이다. 애써서 조사한 자료나 인터뷰 결과를 분석도 하지 않거나, 분석한 내용에 대해서 시사점이나 개선방향을 제시하지 않는다면 공연히 시간낭비만 초래할 뿐이다.

외부 환경이나 내부 현황은 그 누구보다도 고객이 잘 알지만 컨설턴트는 그러한 것들에 대한 분석 결과에 대하여 전문적인 방법으로 시사점과 개선방향을 제시하면서 미래모형에 접근을 해야 한다.

이것이 돈과 시간을 들여서 외부 전문가에게 ISP 컨설팅을 의뢰하는 가장 큰 이유이다.

그리고 ISP진행과정에서 좋은 자료를 확보했거나 사용자와의 인터뷰 과정에서 밝혀진 사실이 ISP주제와 관련이 없음에도 불구하고 자칫 깊게 분석을 하는 경우가 있다. 이런 경우에는 자칫 프로젝트의 범위가 확대되거나 왜곡될 가능성이 있기 때문에 이를 경계해야만 한다.

ISP는 프로젝트이며 "기본적으로 프로젝트는 고유한 제품, 서비스 및 프로세스를 통해 가치를 창출하기 위한 일시적인 노력"(PMI[14] 프로젝트의 정의)이다. 여기서 중요한 것은 일시적인 노력이라는 것이다. ISP는 한정된 자원(시간, 돈, 인력)으로 수행을 하여야 하므로 불필요한 낭비는 최소화하여야 한다는 뜻이다.

컨설팅은 상담, 자문이라고 표현하기도 한다. 나는 컨설턴트의 역할은 의사와 같아서 환자를 진단하고 문제부분에 대해서 처방을 하는 역할과 유사하다고 생각한다.

수술과 투약은 그 다음에 일이다. 즉 의사가 환자의 진단에 집중을 해서 진단을 하고 그 환자의 체질에 맞는 건강한 미래를 목표로 처방을 하는 것과 같이 ISP도 조사와 분석에 집중을 해야 한다는 뜻이다.

미래모형은 상상 속에 픽션이 아니다

미래모형은 외부 환경 분석과 내부 현황 분석 결과에 따른 기존 정보시스템의 개선 혹은 신규로 개발하여야 할 정보시스템에 대한 기본설계를 하는 것이다. 이것은 프로세스, 기능, DB, 기반(서버, 네트워크 등), 보안 등이 이에 속한다.

이중에 프로세스와 같이 비기술적(Non-IT)부분을 다루기도 하는데 이것은 기능과 데이터를 도출하기 위한 과정이며 결코 BPR적인 접근은 아니라는 점을 다시 한번 더 명심해야만 한다.

---

14) Project Management Institute, https://www.pmi.org/about/learnabout-pmi/what-is-project-management

물론 고객의 요구에 따라서 업무 매뉴얼과 같이 비기술적(Non-IT)부분을 다룰 때도 있지만 사실 ISP의 본질은 아니다.

어쨌든 미래모형은 어느 날 갑자기 만들어지는 상상 속에 픽션이 아니다. 그 절차와 결과가 모두 현실을 바탕으로 지어지는 논픽션인 것이다.

이것이 가설로 출발하는 연구의 경우와도 다른 점이다. 즉, ISP는 특별한 경우를 제외하고 검증된 기술을 적용해야 한다고 나는 생각한다. 그 이유 중에 하나는 현존하지 않은 기술을 바탕으로 이를 개발하기 위한 예산 수립이 어렵기 때문이다.

이행계획은 후속 프로젝트의 이정표

이행계획은 설계된 미래모형에 대하여 과제를 정의하고 이에 대해서 구축일정, 예산, 기대효과 등을 수립하거나 산출하는 것이다.

미래모형에서 결정된 정보화 과제를 세분화하기도 하고 합치기도 한다. 때로는 미래모형에는 없지만 분석과정에서 그 필요성을 피력한 경우에도 과제로 다루기도 한다.

과제별로 우선순위를 측정하고 이를 바탕으로 전체 일정을 수립한다. 과제에 따라서 다르지만 대략 3년~5년 정도를 반영한다. 과제별로 소요되는 예산에 대해서는 개발비, 구입비 등을 산정한다. 경우에 따라서는 일정별로 투자비를 배분하는 경우도 있다.

기대효과는 정성적인 것과 정량적인 것으로 구분해서 작성을 하는데 특히 정량적인 부분은 기대항목별로 금액으로 산정을 한다.

그 이외에 후속 프로젝트를 추진하기 위한 조직을 구성해서 제공하는 경우도 있고, 후속 개발사업을 위한 제안요청서를 작성하거나 변화관리 방안을 수립하고 후속 개발 프로젝트를 위한 제안요청서를 작성하는 경우도 있다.

이러한 의미에서 이행계획의 수립은 후속 개발사업의 방향과 방법을 제시하는 이정표와 같은 것이라고 할 수 있다.

1 : 4 : 4 : 1의 법칙

ISP는 그 과정을 시작하기 전에 제안요청에 관하여 심층분석을 하여야 하고 발주 담당자와의 충분한 토의를 하여야만 한다.

프로젝트 범위 확대와 변경의 두려움 때문에 담당자를 피할수록 문제와 리스크가 커지게 마련이고 경우에 따라서는 담당자가 바뀔 수도 있으므로 담당자와의 의사소통은 끊김이 없도록 하여야만 한다.

발주 담당자 중에는 ISP에 대한 경험이나 이해가 부족해서 프로젝트 시작부터 어려움을 겪는 경우가 있다. 이러한 경우 프로젝트 절차에 문제를 삼기도 하고 결과물에 대해서 무리한 요구를 받기도 한다.

심한 경우에는 ISP의 결과물이 마치 목표로 생각하고 있는 정보시스템에 대한 화면을 개발하는 것으로 오해를 하는 경우도 있다.

이러한 어려움을 극복하기 위해서는 프로젝트 초기부터 발주 담당자와 책임자에게 집중적으로 ISP에 대한 이해를 시키고 목표를 공유하는 노력을 수시로 해야만 한다. 매일 아침 출근해서 발주 담당자 혹은 책임자와 차를 한 잔 하는 것도 좋은 방법이다.

나는 프로젝트 진행에 비중을 앞서 기술한 바와 같이 1 : 4 : 4 : 1의 정도로 각 단계 별로 집중을 한다. 모든 단계가 다 중요하고 빼놓을 수 없지만 진행강도나 평균 소요시간이 그렇다는 것이다.

이 책에서 소개하는 절차와 사례는 모두 지켜야 한다는 뜻은 아니며 권고사항이다. 이것은 각 프로젝트의 예산, 범위, 대상에 따라서 적절하게 적용을 해야 한다는 뜻이다.

ISP 대상에 영향을 미치는 것들

외부 환경의 의미는 지금 ISP를 하고자 하는 조직 및 업무에 영향을 미치는 외적인 요소들을 의미하는 것이며, 그것들에 대한 분석 결과를 향후에 미래모형 설계에 참조를 목적으로 수행하는 것이다.

법, 정책환경(기업의 경우에는 경영환경 및 경쟁관계 등), 정보기술동향, 이해관계자, 타 사례 등에 대한 분석이 이에 속한다.

ISP가 다분히 기술적인 성격이 강하고, 논리적이고 공학적이기는 하지만 경영이나 정책적 요소를 등한시하면 설계된 미래모형이 자칫 위험에 빠질 수도 있다. 그래서 기본적인 부분은 다루어서 위험요소를 예측하거나, 회피할 수 있는 대안을 제시 하여야만 한다.

이것은 ISP 대상 조직에서 통제할 수 없는 것들을 의미하기도 한다. 그래서 분석결과를 시사점이라고 하는 것이다.

개선 방향을 제시하는 것이 아니다. 내가 통제할 수 없는 사실을 어떻게 개선시킬 수 있겠는가? SWOT 분석 방법에서는 기회(Opportunity), 위협(Threat)이 이에 해당한다고 할 수 있다.

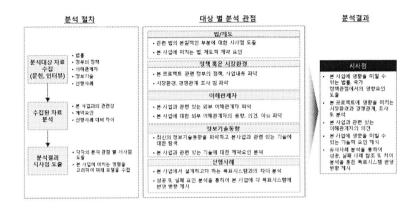

[그림 9] 외부환경분석 절차도

외부환경분석은 주로 PEST 방법을 활용한다.

PEST(Political, Economic, Social and Technological) 분석 방법은 잘 알려진 기법 중에 하나이다.

- 정치적(Political) 요소는 정부가 법에 따라서 집행하는 활동으로서 사회 전반에 걸쳐서 규제를 하거나 지원을 하는 활동이다.
- 경제적(Economic) 요소는 물가, 산업, 금리, 환율, 수출과 수입, 노동, 성장률, 투자 등을 포함한다.
- 사회적(Social) 요소는 인구, 문화, 보건, 여가, 스포츠, 종교 등의 요소를 의미한다.
- 기술적(Technological) 요소는 자동화, 정보화 등의 요소를 의미한다.

PEST분석 기법을 활용하여 외부환경분석을 진행하는 경우에는 ISP 대상 조직의 외부 환경에 대한 요인(동인)을 구분하고 그것들을 다시 PEST 요인으로 분류를 한 다음 분석 대상을 선정하는 것이다.

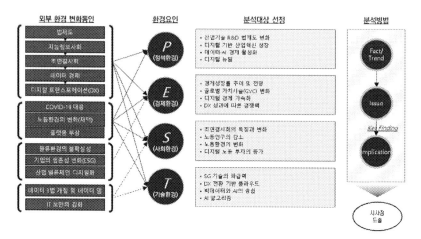

[그림 10] PEST 기법에 의한 외부환경분석도

분석 대상은 ISP 대상과 범위에 해당하는 것으로 선정하고 최신의 동향과 이슈를 분석하며, 분석결과에 대한 시사점을 도출한다.

이렇게 도출된 시사점은 추후에 미래모형 수립 시에 반영을 한다.

환경분석 결과에 대해서는 반드시 시사점 정리가 필요하다.

• 조사 ➜ 분석 ➜ 시사점 도출 ➜ 미래모형 수립 근거로 활용

조사결과에 대한 나열만 한다면 컨설팅의 가치가 없으며, 분석결과에 따라서 반드시 시사점을 도출해야 한다.

그리고 외부 자료를 인용할 때에는 반드시 그 출처를 기록해야 한다. 이것은 저작권의 문제 이전에 다시 찾아보려고 할 때

시간을 절약하고 보고서의 신뢰감을 주기 위한 것이다.

시사점은 컨설턴트의 분석 역량에 따라서 다르게 표현되므로 신중하게 도출을 해야 한다. 시사점은 사실(Fact)위주로만 작성하는 것이 좋다. 앞질러서 개선방향까지 하지는 않는 것이 좋다는 뜻이다.

그 이유는 제시한 방향이 미래모델 수립을 할 때 바뀔 수도 있기 때문이다.

예를 들어서 이해관계자를 분석한 결과 특정 이해관계자가 본 사업 관련해서 요구사항이 있음을 파악했을 경우에는 그 요구사항만 기술을 해야지 요구사항 해결 방향까지 제시하는 것은 지양해야 한다는 뜻이다.

- 소비자는 당사의 홈페이지에 통계정보를 제공받고 싶어함 (O)
- 소비자가 당사의 홈페이지에 통계정보를 제공받고 싶어하므로 통계관리 시스템 개발이 필요함(X)

향후 미래모델 수립 시에 해당 요구사항에 해결방법이 서로 다른 내용으로 변경이 될 수도 있기 때문이다. 만일 경력이 짧은 컨설턴트가 작성을 했다면 그보다 경험이 많은 컨설턴트가 다시 검토를 해서 그 완성도를 높여야 한다.

시사점은 작게는 뼈의 마디와 같고 크게는 허리와 같은 것이다.

분석 결과에 대한 표현이 제대로 되어야 미래목표 모델을 수립할 때 유용하게 적용할 수 있기 때문이다.

이렇게 시사점이 정리되면 추후에 미래모형 수립을 할 때 근거로서 활용이 쉽도록 해야 한다.

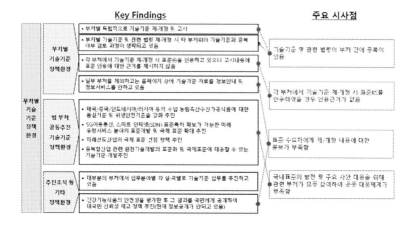

[그림 11] 정책(경영)환경 분석 결과 시사점 도출(사례)

시사점은 가능한 간략하고 명료하게 하나(가능한 두줄 이하)의 문장으로 표현하는 것이 좋다. 너무 긴 문장은 추후에 미래모형에 반영을 하는 과정에서 유사한 시사점끼리 공통점을 찾고 재분류를 할 때 그 긴 문장을 다시 분해해야 하는 번거로움이 있기 때문이다.

법제도 분석

ISP 대상 업무가 어떤 법에 어떠한 영향을 받을 것인가?

기업은 컴플라이언스(compliance)라는 용어를 사용하며 기업경영이 법령, 규정, 윤리 또는 사회통념에 맞도록 준수하는 것을 의미하고 있다. 공공분야는 특히 법에서 정하는 바에 따라서 일을 하여야 하므로 이에 벗어나는 일을 할 수 없다.

공공의 경우 각 공공기관별로 정보화 사업을 추진함에 있어서 정보화 대상의 고유 업무(의료, 세금, 복지, 건설, 교통 등)는 물론이고 정보시스템 자체도 갈수록 이를 통제하는 법률이 증가하거나 복잡해지고 있다.

2000년 이전에는 전화공사를 관리하는 정보통신공사업법만 있었으나, 2001년에 전자정부법(구. 전자정부구현을 위한 행정업무 등의 전자화 촉진에 관한 법률)이 발효되면서부터 지금까지 각종 법률이 새롭게 발효되고 있다.

이것들은 국가정보화 프로젝트에 대하여 발전을 유도하거나 국가의 재원이 낭비되지 않도록 통제나 지원을 위한 것이다.

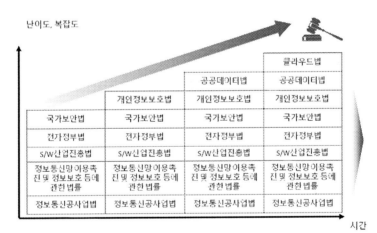

[그림 12] 공공 정보화 프로젝트 추진 관련 법령 추이도

ISP는 정보기술로 업무의 효율과 효과를 극대화하는 것이 목적이므로 법제도 분석에서는 기본적으로 이와 관련된 분석을 하여

야만 한다. 특히 공공 정보화 사업을 추진할 때에는 더욱 그렇다.

물론 공공분야 뿐만 아니라 모든 ISP 프로젝트의 고유 업무영역(금융, 제조, 서비스 등)에 대한 관련 법제도 역시 동일한 수준으로 다루어야만 한다. 예를 들어서 의약품관리에 관한 ISP를 하고 있다면 약사법에 대한 내용을 분석하여야 한다.

향후 미래모형에서 설계하고자 하는 업무와 기능이 현행법에 없거나 보완이 필요하다면 그 법의 변화가 있을 때까지 시스템 구축은 대기할 것을 권고하여야 한다. ISP범위에 관련된 법을 검토하는 것은 제약조건에 대한 검토라고 할 수 있다.

법에 관한 분석과 대응방안의 수립이 충분하지 못한 경우 미래모형이 불안정 할 수 있으며, 이러한 미래모형을 기반으로 개발된 정보시스템이나 사업은 큰 문제가 발생할 수 있다.

2006년 6월 370여 억 원에 달하는 공공예산이 투입된 의약품 유통정보시스템과 관련한 보건복지부와 SI회사와의 소송에서 보건복지부가 결국 패소를 하였다.

국민건강보험법 개정과 의약계의 반발로 인하여 그 시스템이 유명무실하게 되었던 것이다. 이 사건은 관련법과 이해관계자에 대한 충분한 검토와 대비가 부족한 상태에서 시스템 구축을 한 결과라고 할 수 있다.

2019년 모 플랫폼 회사는 11인승 승합자동차를 이용한 서비스의 운영을 중단했다. 이 회사는 국회에서 여객자동차 운수사업법이 개정됨에 따라 더 이상 기존의 서비스 방식으로는 사업성이 없다고 판단했고 개정된 규정이 시행되기까지 1년 이상이 남아 있음에도 즉시 운행을 중단한 것이다.

사업을 준비하고 시작할 때까지 많은 투자가 있었음에도 불구하고 택시사업자와의 사회적 합의가 부족한 탓에 실패로 기록된 사업이었다. 사업 초기에 여러 가지 검토를 했겠지만, 그 당시 현행법에 문제가 없다는 판단만 하고 이해관계자에 대한 분석이 부족한 경우라고 할 수 있다.

상기의 두 가지 사례는 ISP보다는 경영전략 혹은 마케팅 전략을 수립할 때 집중적으로 다룰 영역이기는 하다.

하지만 외부 환경 분석은 이렇게 ISP에서도 대상 조직이나 업무에 영향을 미치거나 미칠 가능성이 있는 것들에 대해서 조사와 분석을 해야 한다.

이를 통해서 미래모형 수립 시에 전제조건 혹은 고려사항으로 참고하여야 한다.

[그림 13]은 통합방송법(가칭) 개정 이슈 분석도이다.

OTT[15]분야가 점차 방송시장에 영향이 커짐에 따라서 디지털

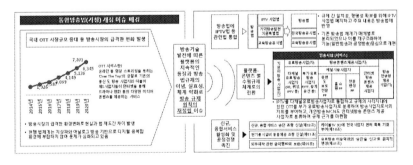

[그림 13] 통합방송법(가칭) 개정 이슈 분석도(사례)

---

15) OTT(Over the Top) 여기서 Top은 Set Top Box를 의미하는 것으로서 케이블TV와 다르게 인터넷으로 방송을 보는 서비스

융복합 환경에 맞는 방송사업의 규제체계 개편을 위한 통합방송법(방송법 전부개정법률안)이 거론되고 있다.

통합방송법(가칭)은 급변하는 방송시장 환경에 맞는 방송 규제 원칙 재정립을 위해 방송 역무 중심이었던 현행 방송법을 콘텐츠 내용 중심으로 규제하고자 하는 것이다.

이 법이 아직 제정되지는 않았지만 최근 이슈를 분석해서 앞서 사례로 들었던 의료나 택시부문과 같은 문제가 생기지 않도록 진행 방향을 검토를 해서 미래 모델 수립에 참조를 하고자 하는 것이다.

이러한 법의 분석결과는 때로는 미래모형으로 설계한 정보시스템의 개시 일정을 조정해서 제시할 수 있다.

정책(경영)환경 분석

정책환경 분석은 현재 진행 중인 ISP 대상 조직과 업무에 영향을 미치는 정부나 타 국가 혹은 범 세계 관련 기구의 정책에 대하여 분석을 하는 것이다.

특히 공공분야 ISP의 경우에는 이 사업에 대해서(후속의 개발사업을 포함해서) 정부 정책과의 연관성에 대해서 필연성, 국회승인을 받기 위한 타당성, 국익이나 대국민의 관심도 등의 영향요인에 대하여 분석이 필요하다.

공공정책의 경우 2021년 정부는 한국형 뉴딜정책을 통해서 일자리 창출을 꾀하고자 하였다. 2025년까지 총예산 160조 원을 투자하여 새로운 일자리 창출을 목표로 진행을 하고 있는 것이다.

디지털 분야에만 약 58조 원이 투입되었으므로 공공 정보화 사업은 대부분 이 부문에 영향을 받는다고 할 수 있을 것이다. 따라서 ISP 대상 프로젝트가 요구하는 정보시스템의 미래 목표 모델이 정부의 디지털 뉴딜 정책과 어떠한 관련성이 있는지를 파악하여야 한다.

관련성이 있다면 구체적인 범위와 대상을 분석해서 현재 진행 중인 ISP와 향후에 개발할 정보시스템의 방향성에 대한 동기를 부여하여야 한다. 관련성이 없다면 다른 정책을 찾아서 본 사업을 추진하여야 할 설득력 있는 분석 결과를 제시하여야 한다.

기업의 경영환경 분석은 경영목표와 대비하여 시장환경을 분석하는 것으로서 시장환경 중에 정보기술이 적용되고 있는 상황을 파악하는 것이다.

너무 넓은 거시적 시장환경 조사는 ISP에 별 도움이 안 되며, 자칫 분석 목적이 왜곡되거나 불필요한 시간 낭비를 초래할 수 있으므로 이를 경계하여야 한다.

예를 들어서 ISP의 목표가 기업의 물류업무 정보화인데 GDP 동향을 파악하거나 인구동향을 파악하거나 경제지표를 파악하는 등이다. 유용한 정보로 느껴지지만 이것들을 미래모델에 영향 요인까지 연결하기엔 너무 무리라는 뜻이다.

이러한 정보들을 구하기는 쉽지만 막상 활용하기에 어려움이 있다. 물류업무의 정보화를 위해서는 정부의 물류정책이나 물류 관련 국내외 통계를 참조하는 것이 좋을 것이다.

또 한가지 사례는 내가 대학에 학사과정에 대한 ISP를 수행 중에 인구동향에 대한 자료가 컨설팅 보고서에 인용된 것을 보고 담당 컨설턴트에게 이 자료를 왜 인용했는지를 물어보았다. 그 컨설턴트는 인구가 감소하는 것이 사회적 이슈이고 대학교가 어려움을 겪고 있어서 참조하려고 했다는 것이다.

인구감소가 대학교의 학사정책에 영향을 주는 것은 사실이지만 그것이 학사관리 업무와 정보시스템에 어떠한 영향을 미치는가? 학생수가 줄어들면 학사관리 프로세스가 줄어드나? 정확하게 답변을 못하는 담당 컨설턴트에게 며칠 뒤에 아래와 같이 논리를 전개하도록 권고하였다.

- 인구감소 ➡ 학생감소 ➡ 교과정(학과)의 통폐합 혹은 폐지 (시사점) ➡ 과정개발 기능의 유연성 확보(미래모형 반영)

그 컨설턴트가 착안하고 애써 작성한 보고서가 아까 와서 권고한 논리였다.

분석결과에 대하여 도출한 시사점이 해당 ISP의 목적이나 목표에 직접적으로 관련 없는 것이라면 애당초 조사부터 하지 말거나 이미 조사가 된 것이라도 빨리 포기 해야 한다.

경영환경 분석은 정부의 어떠한 정책이 경영에 영향을 미치고 있는지, 고객의 사회적 변화를 파악하고 이에 대응하는 정보기술이 어떻게 적용되고 있는지를 좁은 시각으로 파악하는 것이다.

[그림 14] OTT서비스 변화도는 모 방송국 ISP수행 산출물이다. 우리나라 방송시장의 환경을 분석한 사례이다.

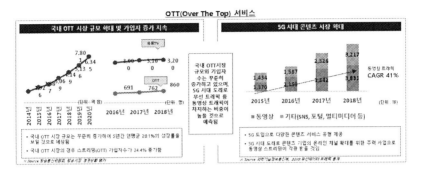

[그림 14] OTT서비스 변화도(예시)

　종편, 유료방송채널의 콘텐츠 품질 향상 등으로 지상파의 매출 및 시청시간이 감소하고 있으며, 이 같은 침체는 가속화되고 장기화될 가능성도 배제할 수 없는 상황이다.

　OTT 같은 시장 환경 변화에 신속하게 대응하지 못할 경우 방송광고 매출 감소로 인한 프로그램 제작재원 감소 및 콘텐츠 품질 저하로 인해 시청자들의 시청시간 감소 및 외면을 받을 수 있음을 기술하였다. 관련 자료에 따르면 국내 OTT 서비스 가입자수와 시장 규모는 꾸준히 증가하고 있으며 5년간 28.1%의 성장률을 보일 것으로 전망되었다.

　다양한 콘텐츠 서비스 유형 중 5G 도입으로 동영상 스트리밍에 대한 요구가 높을 것으로 보이며, 콘텐츠 기업 또한 온라인 채널 확대를 위한 주력 사업으로 동영상 스트리밍이 각광받을 것으로 예측하였다.

방송시장의 사회적 환경

● OTT 서비스 및 1인 미디어 등 급격한 방송 환경 변화

❖ 전통 미디어 위기

- 시청자의 TV 이용행태가 전통적인 TV 시청이 아닌 멀티디바이스와 모바일 중심으로 빠르게 변화하고 있음
- 일상 생활에서의 전통적인 미디어보다 스마트폰과 같이 접근성이 좋은 매체를 통한 미디어 이용이 증가하고 있음

❖ OTT 서비스

- 국내 OTT 서비스 가입자수와 시장 규모는 꾸준히 증가하고 있으며 5년간 28.1%의 성장율을 보일 것으로 전망됨
- 다양한 콘텐츠 서비스 유형 중 5G 도입으로 동영상 스트리밍에 대한 요구가 높을 것으로 보이며, 콘텐츠 기업 또한 온라인 채널 확대를 위한 주력 사업으로 동영상 스트리밍이 각광 받을 것임
- OTT 서비스 이용 디바이스는 대부분 모바일 환경을 이용하고 있음
- OTT 서비스의 핵심 경쟁력은 차별화된 킬러 콘텐츠 확보 역량으로 일부 OTT 플랫폼에서는 경쟁력 강화를 위해 오리지널 콘텐츠 제작을 크게 확대하고 있음

❖ 1인 미디어 영향력 증대

- 동영상 제작 및 소비가 일상화되고 콘텐츠 제작 및 소비에 대한 욕구가 다변화 되고 있음
- 동영상 및 실시간 콘텐츠 제작 가능 기술적 환경이 조성되고 있어서 동영상/실시간 중심의 새로운 문화 확대가 기대됨
- 생활 전 분야에 걸친 1인 미디어의 영향력이 확대되고, 산업화의 가능성이 존재함

시사점

• 전통적인 TV 매체가 아닌 스마트폰과 같은 매체를 통한 시청 유형의 변화는 콘텐츠 중심의 미디어 생태계가 조성되고 있음을 의미함

• OTT 가입자 수가 꾸준히 증가하고 5G 서비스로 인해 동영상 스트리밍 등 다양한 온라인 서비스가 확대되고 있어 미디어 환경의 급속한 변화가 예상됨

• 킬러 콘텐츠 확보를 위해 서비스 업체가 오리지널 콘텐츠 제작을 크게 확대하고 있으며, 이는 차별화된 OTT 서비스의 핵심 경쟁력으로 작용함

[그림 15] 방송시장의 사회적 환경 분석결과 시사점(사례)

　　방송시장의 사회적 환경은 PEST분석 방법 중에 Social에 해당하는 것으로서 분석결과 점차 OTT시장이 확대될 것이며 콘텐츠 품질도 중요한 서비스 요소가 될 것임을 시사했다.

　　물론 고객이 더 정확하고 많은 정보와 목표를 가지고 있지만 그 고객의 정보시스템 개발의 당위성을 논리적으로 정리를 하고 이러한 내용은 추후에 목표모델 구성 시에 참조를 하게 된다.

　　즉, 고객이 요구하는 OTT서비스를 위한 정보시스템 목표모델 과제 발굴이나 유사한 목표과제에 반영을 해서 외적 영향요인으로 그 시스템 개발의 타당성을 확보하는 것이다.

이해관계자 분석

　이해관계자 분석은 ISP 대상에 대한 이해관계자를 파악하여 향후 미래모형(시스템) 설계에 반영을 하는 과정이다.

　이해관계자는 주로 타 기관, 대국민, 불특정의 외부 이용자를 의미하며, 내부 이해관계자(ISP 대상 내부조직)는 현황 분석에서 인터뷰, 설문 등의 과정에서 다루는 것이 좋다.

　이해관계자에 대한 조사와 분석은 아래와 같은 순서로 진행을 한다.

- 이해관계자 구별 ➜ ISP와의 관계 정의 ➜ 이해관계자 의견 분석

　이해관계자 구별은 발주자와 상의를 해서 결정을 하게 되며, 조사방법은 인터뷰, 설문, 문헌조사 등이 있을 수 있다.

　이해관계자는 ISP 대상과 연관이 있지만 이들 상호간에도 연관이 있을 수 있으므로 이것도 분석한다.

　이해관계자 분석결과는 미래모형 중에 프로세스, 기능과 데이터에 관련이 있으며, 시스템연계에도 관련이 있다.

　[그림 16] 이해관계자 분석도는 국가표준인증에 관한 이해관계 사례이다.

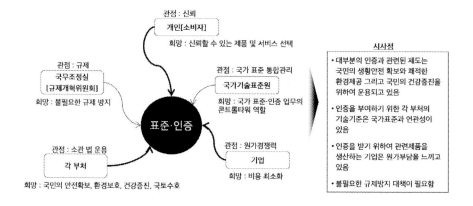

관점 : 신뢰
개인[소비자]
희망 : 신뢰할 수 있는 제품 및 서비스 선택

관점 : 규제
국무조정실
[규제개혁위원회]
희망 : 불필요한 규제 방지

관점 : 국가 표준 통합관리
국가기술표준원
희망 : 국가 표준·인증 업무의
콘트롤타워 역할

표준·인증

관점 : 소관 법 운용
각 부처
희망 : 국민의 안전확보, 환경보호, 건강증진, 국토수호

관점 : 원가경쟁력
기업
희망 : 비용 최소화

시사점
• 대부분의 인증과 관련된 제도는
  국민의 생활안전 확보와 쾌적한
  환경제공 그리고 국민의 건강증진을
  위하여 운용되고 있음
• 인증을 부여하기 위한 각 부처의
  기술기준은 국가표준과 연관성이
  있음
• 인증을 받기 위하여 관련제품을
  생산하는 기업은 원가부담을 느끼고
  있음
• 불필요한 규제방지 대책이 필요함

[그림 16] 이해관계자 분석도(사례)

   범국가적으로 표준인증 업무를 수행하고 있는 국가기술표준원에서는 표준인증의 범국가적 효율성을 강화하고자 BPR/ISP를 수행하였다.

   나는 BPR부문을 담당했고 외부 환경 분석 과정에서 각 이해관계자 별로 표준과 인증에 대한 관점과 희망 사항을 분석하였다.

   각 부처의 표준인증 담당자는 관련 법률에 따라서 소관업무별로 각자 이 업무를 진행하고 있어서 국가기술표준원에서는 통합관리의 필요성이 제기되었던 것이었다.

   제조업에서 생산되는 생산제품은 대부분 국가기술표준원에서 표준인증에 관한 업무를 수행하고 있지만 동일한 제품이나 서비스임에도 불구하고 타 부처에서 관장을 하는 경우에는 그 표준의 강제화 혹은 권고가 어려웠던 것이다.

   표준에 관해서 대외적으로는 국가기술표준원이 세계기구인

정보전략계획 ISP 수립 실무

ISO/IEC에 National Body[16]로 활동하는 기관이지만 국내에는 여러 기관이 관리를 하고 있다.

이해관계자 분석은 각 이해관계자 별로 ISP 대상 업무나 조직에 대해서 요구사항과 개선을 바라는 바를 조사하여 분석하는 것이다.

즉, 외부 환경 분석단계에서의 이해관계자는 주로 ISP범위와 직접적으로 관련이 있는 외부의 관련자 즉, ISP 대상의 조직과 범위에 영향을 미치는 개인이나 단체를 의미한다.

가장 먼저 해야 할 일은 이해관계자를 구별하는 것이다. 이것은 ISP의 범위와 대상 조직과 직간접적으로 이해관계가 있는 조직이나 개인을 파악하는 것으로서 기업의 경우에는 협력사, 소비자, 해외바이어, 법령에서 명시된 규제 혹은 지원기관 등이 이에 속한다.

공공기관은 불특정 다수의 국민, 기업, 소상공인, 법령에서 명시된 기관 등이 이에 속한다.

기업의 경우에 경쟁사를 이해관계자로 분류하는 경우도 있지만, 경쟁관계이기 때문에 벤치마킹의 대상으로 분류를 하며 거래관계의 협력사는 이해관계자로 분류를 한다.

이해관계자가 파악되면 아래의 사항에 대해서 조사를 한다.

- 이해관계자의 개요와 특성
- ISP 대상 조직과 업무에 미치는 영향

---

16) National Body는 ISO/IEC에서 1국가당 1개 기관만 인정하는 명칭이며 국가대표기관을 ISO는 MB(Member Body), IEC는 NC(National Committee)라고 함. 한국은 정회원(33개국, 2017년)으로서 투표권이 있음

- ISP 대상 조직과 업무에 요구사항, 불만사항
- ISP 대상 조직에서 제공하는, 혹은 제공받고 싶은 정보시스템에 대한 요구사항, 불만사항

이해관계자에 대한 분석은 가능한 정보기술 측면에서만 다루어야 하며 자칫 확대되거나 왜곡되지 않도록 해야 한다. 업무적인 측면에서 너무 깊숙하게 분석을 하면 미래모형에 반영을 하기가 어렵기 때문이다.

다음 〈표 5〉는 국가표준인증 관련 이해관계자에 대한 분석 사례이다. '본 사업에서 고려하여야 할 사항'이 대부분 정보화 부분임을 알 수가 있다.

〈표 5〉 이해관계자 분석표(사례)

유형	구분	유형	주요 요구사항	본 사업에서 고려하여야 할 사항
개인	소비자	학생, 주부, 사업자, 상인 등	생활안전, 환경보호	표준, 인증 정보에 대한 정확하고 손쉬운 접근
단체	정부	기술표준원	국가 표준·인증 업무의 콘트롤타워 역할	주도적 역할(사업주관), 사업 방향에 대한 의사결정
		국무조정실	기술규제 내용에 대한 중복성 여부 검토의 용이성 확보	각 부처에서 진행 중인 표준·인증 관련 법(고시)에 대한 사전 중복성 검토 기능 제공
		법제처	행정규칙(고시 등)의 사전 관리	모든 기술기준(고시문)이 모일 수 있도록 유도
		기술기준 관리 각 부처	유사 규제(기술기준)에 대한 정보획득의 용이성	인증 등 기술기준 수립 사전에 중복성 여부 및 국가 표준 참조 기능 제공
		표준협회	각 부처에서 관리 중인 기술기준에 국가표준의 적용	국가표준 규격서 열람(참조)의 용이성 제공

단체	공공기관	정보통신기술협회	각 부처에서 관리 중인 기술기준에 국가표준의 적용	국가표준 규격서 열람(참조)의 용이성 제공
		인정기관	국제 인증제도에 대한 정보취득의 용이성	인증제도의 확정 전에 중복, 유사부분의 추출
		인증 및 시험기관	인증서비스의 차별화	타 인증 제도의 참조 용이성 제공
	기업	업종별 대, 중, 소	비용 및 절차 간소화, 중복 인증 배제	맞춤형 인증서비스, 저렴한 비용
	기타	학교	현재 운영 중인 표준, 인증정보 수집 및 비교 분석	표준, 인증 정보에 대한 정확하고 손쉬운 접근
		연구소	현재 운영 중인 표준, 인증정보 수집 및 비교 분석	표준, 인증 정보에 대한 정확하고 손쉬운 접근
	해외기구	WTO	국제 표준이 적용되지 않은 국내 기술기준 정보	정보의 현행화, 국내 최적화 방안
		ISO, IEC, ITU, IEEE	국제 표준이 적용되지 않은 국내 표준 정보	정보의 현행화, 국내 최적화 방안

〈표 5〉이해관계자 분석표(사례)에서 '본 사업에서 고려하여야 할 사항'은 사실 위주의 시사점 기술 원칙에 벗어난다. 이 사항은 미래모델 수립에서 다루어야 할 것들인데 성급하게 실수를 한 것이다.

즉, 이 경우에 시사점에서는 이해관계자의 요구사항만 다루면 된다는 것이다.

다른 사례는 실감콘텐츠 산업의 이해관계자에 관한 사례이며 크게 생산-유통-소비-정책으로 구분하였으며 각 분야 별 이해관계자를 분류하였다.

이렇게 이해관계자에 대한 분류는 여러 가지 유형으로 할 수 있지만 이 조사를 하는 이유는 미래에 설계할 정보시스템에 어떠한 영향을 주는지를 분석하기 위한 것이므로 그 조직이나 개인별로 구분을 하는 것이다. 그렇게 분류를 함으로써 의견수렴이 가능하다. 막연하고 개념적인 분류는 그렇게 할 수가 없기 때문이다.

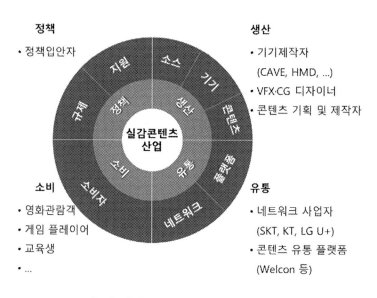

[그림 17] 실감콘텐츠 산업 이해관계자(사례)

기업(제조업)의 경우는 대외적으로 국내 소비자에서부터 정부의 규제(법)와 지원에 이르기 까지 다양한 이해관계자가 있다. [그림 18] 기업(제조업)의 이해관계자에서 표현된 것은 그 기업의 전체 이해관계자이며 업무단위로 보면 더 세분화 된 이해관계자가 있을 수 있다. 예를 들어서 회계업무의 이해관계자는 국세청, 거래처가 그것들이다.

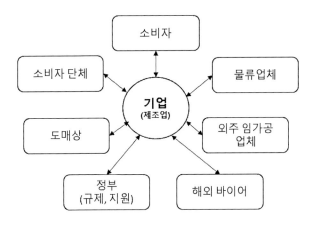

[그림 18] 제조업의 이해관계자(사례)

　본 사업에서 고려하여야 할 사항은 나중에 시사점으로 정리를 하고 미래모형에 반영을 하도록 해야 한다.

　그리고 ISP 대상 조직 내 부서단위의 조직에 관한 사항은 내부 현황 분석 단계에서 다루기로 한다.

정보기술환경 분석

　정보기술환경 분석은 ISP 대상 조직과 업무에 관련된 정보기술을 다루는 것으로서 RFP[17)]에 요구사항을 포함한다.

　최신의 정보기술을 조사하기도 하고 보편화된 기술이지만 ISP

---

17)　RFP(Request For Proposal, 제안요청서)

대상에서 사용하고 있거나 사용할 예정이라면 마찬가지로 조사를 한다.

최신의 정보기술동향은 현재부터 미래에 예상되는 기술을 다루는 것이므로 중요하게 분석을 해야 한다. 정보기술은 아무래도 미국이 가장 창조적으로 앞서가고 있으므로 이에 대하여 발표하고 있는 가트너[18]의 Hype Cycle은 신기술에 대한 시장의 기대가 어떻게 변하는지 경험적으로 정리한 도구로서 IT관련 신기술에 대한 예측 및 트렌드 분석에 활용하고 있다.

한국에서도 정보통신기획평가원, 소프트웨어정책연구소, 전자통신연구원 등에서도 매년 정보기술 동향을 발표하고 있다. 이러한 공신력 있는 곳에서 발표하는 자료를 참조하고 그 분석결과에 대하여 그 시사점을 ISP에 반영을 해야 한다.

시사점의 핵심은 ISP 대상 정보시스템이 고려해야 할 최신의 정보기술과 앞으로 나아가야 할 그 방향을 제시한다. 그것은 최신기술 뿐만 아니라 ISP 대상이 되는 보편화된 정보기술인 ERP, CMS, BI, ESB, BPM 등도 있다.

요즘 점점 부상하고 있는 인공지능 기술의 경우에는 기술자체도 중요하지만, 최근에 전세계적으로 인공지능에 대한 쟁점이 심화되고 있기 때문에 이를 고려해야 한다.

인공지능 기술의 발전은 생활의 편리와 삶의 질을 제고해주는 측면이 있다. 하지만 인공지능은 인간과 유사한 지능을 가지고 있기 때문에 머지않은 장래에 인간의 일자리를 대체하고 사생

---

18) 가트너 주식회사(Gartner, Inc.) 미국의 정보 기술 연구 및 자문 회사

활을 침해하고 데이터를 오남용 할 수 있으며 인공지능 기술 향유에 있어서 격차 발생, 킬러 로봇의 등장 등 두려움도 야기하고 있다[19].

2018년에는 유럽연합 차원에서 AI[20] 이니셔티브를 발표하였고, 현재 AI 윤리 가이드라인을 수립 중이다. 또한, 개인정보보호규정(GDPR)이 같은 해 5월부터 발효되어 유럽 전역에 개인정보에 관한 권리를 강화할 것을 천명하였다.

2018년 유네스코는 인공지능(AI)의 윤리적 개발과 이용을 위한 국제적인 지침을 만들기 위한 야심 찬 프로젝트를 시작했다.

그리고 지난 3년 여 간 전 세계 수백 여 전문가들의 헌신과 치열한 국제적인 토론을 거쳐 2021년 11월 25일 193개 유네스코 회원국의 만장 일치로 'AI 윤리 권고'를 공식적으로 채택했다[21].

우리나라 과학기술정보통신부에서도 2020년 12월에 '인공지능(AI) 윤리기준'을 발표했다. 아마도 조만간 법제화가 될 듯하다.

그리고 인공지능 기술은 윤리적 문제만 아니라 안전성도 사회적으로 쟁점이 늘어나고 있다는 것에도 관점을 가질 수 있다.

▨ 인공지능의 역기능 사례

• 2021년 3월 11일 미국 미시건주에서 테슬라Y가 화물차량

---

19) 출처: 인공지능(AI) 시대의 법적 쟁점에 관한 연구, 2018.10, 법제연구원
20) AI(Artificial Intelligence, 인공지능)
21) 출처: 인공지능(AI) 윤리와 법(I)-AI 윤리의 쟁점과 거버넌스 연구, 2021.12, 유네스코 한국위원회

과 충돌해 밑에 깔려 운전자와 동승자가 중태에 빠졌다[22].

• 중국 쇼핑몰인 'Fuzhou Zhongfang Wanbaocheng Mall'에서는 에스컬레이터에서 로봇이 넘어져 사람을 치는 사고를 내었다.

우리나라에서는 이러한 문제를 미연에 방지를 위하여 표준협회에서 제품의 안정성(소프트웨어 로직)에 대한 품질인증을 하고 있다. 이렇게 ISP가 인공지능 부문을 다루어야 한다면 순기능뿐만 아니라 역기능 부분도 고려해야 한다는 뜻이다.

통상적으로 신기술과 보편화된 기술의 분석결과에 대하여 그 기술을 평가하고 그 결과에 대한 수용여부를 보고서에 담기도 하는데 나는 그렇게 까지는 하지 않는 것이 좋다고 생각한다.

그 이유는 기술의 평가 즉, 기술성숙도, 표준화, 적용검증도, 개발 및 운영의 수월성, 도입비용 등을 평가하는 것까지는 좋지만, 적용성을 평가하는 것은 너무 앞질러서 가는 것이라고 생각하기 때문이다. 미래모형 수립 단계에서 비로서 적용할 기술을 선정할 수 있기 때문이다.

분석단계에서 미래모델에 적용될 기술이 무엇이 될지 모르는데 적용성을 평가하는 것은 무리한 결정이라고 생각을 한다.

조사된 기술에 대한 평가는 하되 적용성에 대해서는 미래모형 수립을 할 때 하면 된다는 뜻이다.

---

22) 출처: 스페셜 리포트, 2021.07, AI타임즈

타 사례 분석

타 사례, 벤치마킹, 선진사례, Case Study, Best Practice 등 여러 가지로 부르지만 같은 의미라고 할 수 있다.

타 사례는 이해관계자 분석과 유사하게 진행을 한다. 타 사례를 파악하여 향후 미래모형(시스템) 설계에 반영을 하는 과정이다.

타 사례는 주로 타 기관, 경쟁회사를 대상으로 진행을 하고 타 사례에 대한 조사와 분석은 아래와 같은 순서로 진행을 한다.

- 타 사례 구별 기준 수립 ➜ 타 사례 구별 ➜ 타 사례 분석 ➜ 차이 분석

타 사례 구별은 발주자와 상의를 해서 결정을 하게 되며, 조사 방법은 인터뷰, 설문, 문헌조사 등이 있을 수 있다. 타 사례가 파악되면 아래의 사항에 대해서 조사를 한다.

- 타 사례 구별을 하기 위한 기준 수립
- 타 사례 구별(선정)
- 타 사례의 개요와 특성, 장단점 분석
- 차이분석(ISP 대상과 타 사례 비교)

가끔 타 사례 분석을 시사점 까지만 도출하고 끝내는 경우가 있는데 이렇게 하면 미래모형에 무엇을 반영해야 할지 난감한 경우가 있다. 미래모형에 반영을 못한다면 무엇 때문에 조사와 분석을 하겠는가? 그래서 차이(GAP)분석을 해야 한다.

타 사례에 비추어 봤을 때 장단점과 본받을 점이 무엇인지 명확하게 분류를 해야 한다.

다음 〈표 6〉 정보화 사업 추진체제에 대한 타 공공기관과의 비

교표(사례)는 모 공공기관에 ISP를 수행 중에 정보화 사업 추진체제에 대한 타 공공기관과의 비교한 결과 차이 비교표이다.

〈표 6〉 정보화 사업 추진체제에 대한 타 공공기관과의 비교표(사례)

구분	외부 전문 용역 활용	정보화 사업관리 규정	정보화사업 추진 가이드	사전협의 안내	제안요청서 등 서식 제공	정보화 사업추진 조직
○○ 공사		정보화 업무 처리 규정	정보화 사업 업무 매뉴얼			
○○ 진 흥 원		-	전자정부 지원사업 사업관리 절차	전자정부 사업 사전 협의제도 안내	개발사업용 제안요청서	
○○ 부		정보화 관리 규정				
○○ 정 보 원	시스템 운영 및 유지보수 인력 상주	통계관리 예규	정보화사업 수행관리 표준 가이드	정보화 사업 수행 관리 표준 가이드	정보화사업 수행관리 표준 가이드 (서식포함)	
○○ 시	시스템 운영 및 유지보수 인력 상주	서울특별 시 정보화 기본조례	○○시 정보 화사업 추진 절차에 관한 규칙	정보화 사업관리 지침	-	
○○ 본부		정보화 사업관리 지침	우정정보화 사업관리 표준 가이드	-	-	
○○ 청		특허청 정보화 업무 규정	○○청 정보화 사업 표준 가이드	-	특허청 정보화사업 표준 가이드	
○○ 회						정보화 총괄부서 이외 2개팀

○○ 위원 회					정보화 총괄부서 이외 2개팀
○○ 공사	시스템 운영 및 유지보수 인력 상주	정보화 사업관리 체계와 시스템을 구축			

상기 〈표 6〉에 의하면 고객인 ○○공사는 여러 현업부서에서 독립적으로 정보화 사업을 추진하고 있었으며, 정보화 사업을 추진하는 과정에서 어려움을 겪고 있는 이유 중에 하나가 타 공공기관에 비하여 구체적인 가이드 라인이 제공이 부족한 것으로 나타났다.

또 한가지 GAP분석 사례는 국가 간에 의약품 유통관리에 관한 것이다. 이 사례는 한국에서 타 국가에 의약품 유통에 관한 범 국가적 관리 시스템을 제공하기 위하여 컨설팅 과정에서 분석한 것이다.

이 분석을 통해서 해당 국가는 공공의약품 재고관리에 노력을 하고 있지만 한계가 있는 것으로 분석되었다.

구분	한국	○○국	주요 차이점
유통 관리	의약품관리종합정보센터에서 운영하는 KPIS에서 의약품 관련 유통과정을 모니터링하고 있음	의약품 관리를 위한 EDPMS(Electronic Drug Price Monitoring System)는 필수 의약품의 가격 및 재고를 포함한 시장 정보를 수집하기 위한 도구임	○○국은 종합 유통관리를 위한 전문 시스템은 없음
재고 관리	의약품관리종합정보센터에서 운영하는 KPIS에 재고관리 기능이 포함되어 있음	재고관리를 위한 eLMIS를 USAID의 지원으로 개발 중에 있음(2023년 완료 예정)	○○국의 eLMIS는 특정 지점(창고)의 특정시점에 재고관리 기능이며, 유통 전체의 물류관리 기능은 없음

또 다른 예로 시스템 간에 연계방안을 수립하는 것이 고객 요구사항 중에 하나라면 공공사업의 경우에는 행정정보공동이용센터를 예로 들고 있고 기업의 경우에도 시스템 간의 연계가 복잡하다면 충분하게 참조할 만하다.

이 센터에서 제공하는 것은 국민들이 인·허가 등 각종 민원신청 시에 필요한 구비서류를 제출하지 않아도 민원담당자가 전산망으로 확인하여 민원을 처리하는 전자정부 서비스이다.

예를 들어 여권발급(변경) 민원신청 시에는 별도의 구비서류를 제출하지 않고 신청서만 작성하여 민원담당자에게 제출하면, 민원담당자가 여권발급(변경)에 필요한 각종 행정정보를 전산망으로 확인한다.

그 이전에는 국민이 직접 주민센터, 법무부 등에 가서 서류를 발급받고 외교부로 가서 신청을 해야만 했다.

이 서비스는 주민등록표 등·초본 등 164종에 대해서 행정안전부 등 799개 공공기관(지자체 포함)에서 인터넷을 통해서 대국민 서비스를 하고 있는 것이다.

대규모로 시스템을 연계하고 있으므로 당연히 여러 가지 연계기술과 연계표준이 적용되고 있다.

여기서 차이(GAP)분석은 시스템 간에 어떠한 기술을 사용하고 있는지? 상호간에 데이터 표준은 어떻게 유지하고 있는지? 데이터 송수신에 문제가 발생할 때에는 어떻게 조치를 하고 있는지? 등에 대하여 ISP 대상과 비교를 하는 것이다.

그 비교결과에 대해서 장단점과 본 받을 점을 구별해서 미래모형 수립 시에 참조하는 것이다.

때로는 ISP 대상 조직의 내부 정보시스템에 대한 분석보다 외부의 타 사례 분석이 더 중요 할 때가 있다. 특히 신설 조직일수록 더 그렇다. 현재가 없기 때문이다.

나는 지금 모 신설병원에 병원정보화를 위한 ISP를 진행하고 있다.

무지갯빛 목표만을 가지고 있는 ISP 사업담당자의 막연한 요구사항과 이제 막 착공을 시작한 건설회사의 실시설계서만 가지고 ISP를 진행하는 것이다.

설계서이기 때문에 통신케이블이 지나가는 관로(Tray)나 기계실, USP[23]실 등 정보시스템 관련 시설구조에 신경을 써야 하고 필요하다면 늦기 전에 서둘러서 설계변경을 요청해야 한다.

---

23) UPS(Uninterrupted Power Supply: 무정전 전원 공급 장치, 배터리)

아직 의료인이나 원무직원도 없는 상태이므로 이런 경우에는 부득이 타 사례 분석이 가장 중요한 핵심이다. 이것은 미래 지향해야 할 목표가 될 수도 있기 때문이다. 지금 분석을 하고 있는 고객의 정보시스템이 낙후되었을 때도 그렇다.

그리고 타 사례 분석이 중요한 이유는 실제 사례이므로 검증된 것이라서 신뢰도가 높기 때문이기도 하다. 미래 모델에 대해서 불확실한 경우에도 타 사례 조사와 분석이 더욱 필요하다.

기술적 부분에 대한 타 사례 이외에 업무적으로 유사하거나 규모가 비슷한 공공기관을 비교할 수도 있고, 기업의 경우에는 특정 경쟁사가 대상이 될 수도 있고 시장의 기술 적용동향이 비교대상이 될 수가 있다.

외부 환경 분석 결과 시사점 정리

누차 강조하지만 외부 환경 분석 결과에 대해서는 반드시 시사점을 정리해야 한다. 그래야 목표 모델 반영이 쉽기 때문이다. 시사점은 객관적일 수도 있고, 컨설턴트의 경험적 지식에 의한 주관적일수도 있다.

외부 환경 분석 결과에서 종합적으로 다루어야 하지만 법제도 분석 등 각 소 주제별로 미리 정리를 하는 것이 좋다. 이렇게 하면 외부 환경 종합 분석 결과에서 비교적 손쉽게 보고서 작성을 할 수가 있다.

다음 [그림 19]의 매트릭스는 외부 환경 분석 결과 종합시사점을 도출한 사례이다.

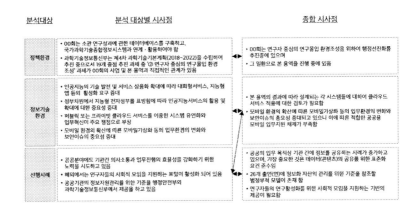

[그림 19] 외부 환경 분석결과 종합시사점 매트릭스

이렇게 각 소주제별로 미리 시사점을 정리 해 놓으면 종합정리를 할 때 더 쉽게 작성이 가능하다. 그렇게 하지 않으면 시사점 정리를 위해서 처음부터 다시 보아야 하는 번거로움과 시간낭비를 초래할 수 있다.

또한 시작부터 외부 환경 분석 결과까지 꽤 많은 시간이 지나갔기 때문에 다시 되돌아본다는 것이 여러 가지 부담으로 작용할 수도 있다. 그래서 외부 환경 분석이 끝나면 영향평가를 하는 것이 좋다. 지금까지 조사하고 분석한 결과 시사점들이 ISP 대상에 어떠한 영향을 미칠 것이며 향후 목표모델 수립을 할때 무엇을 고려해야 하는지를 기술하면 좋다는 뜻이다. 이러한 내용들은 목표모델 수립 직전에 다시한번 더 확인을 해야한다.

외부 환경 분석을 했으므로 이제 20%가 끝났다.

ISP 대상에 개선 혹은 새로운 방향 제시

내부 현황 분석은 ISP해당 조직에서 통제가 가능한 것들에 대한 업무, 정보시스템에 대하여 조사와 분석을 하고 그 결과를 바탕으로 개선방향을 제시하는 것이다.

이것이 외부 환경 분석과 다른 점이다.

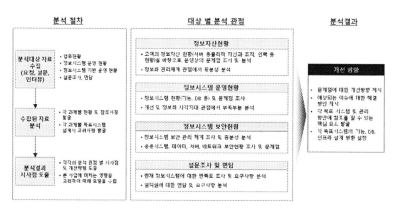

[그림 20] 내부 현황 분석 절차도

현황 분석을 할 때 정량적 기대효과 산출을 위해서 현재 문제점 중에서 계수적으로 측정이 가능한 것은 미리 기록을 해 두는 것이 좋다.

- 공공의 경우: 발견된 문제점이 사회적 비용 혹은 대국민 서비스에 어느 정도 영향을 미치고 있는가?
- 기업의 경우: 발견된 문제점이 매출과 이익 혹은 원가에 어느 정도 영향을 미치고 있는가?

과거에는 정보화의 기대성과를 계수적으로 산출을 할 때 인건비를 중심으로 분석을 했지만, 요즘은 인건비에 대해서는 특별한 경우가 아니면 다루지를 않는 경향이 있다.

낮은 비중과 지난 수십 년간 정보시스템의 광범위한 개발로 인하여 이미 그런 부분은 대부분 해소가 된 것으로 보기 때문이다.

예를 들어서 전자결재시스템 활성화 이전에는 종이 없는 사무환경을 만들자는 목표대비 인건비와 종이 값을 얼마나 줄일 수 있는지를 계산했지만 요즘은 탄소배출량으로 기대성과를 측정한다.

조직현황 분석

기업의 조직은 늘 유동적이고 공공의 조직은 기업에 비교해서 안정적이기는 하지만 이 역시 변화가 없는 것은 아니다.

ISP에서 조직은 분석의 대상은 아니지만 전체를 파악해서 이해를 하는데 도움이 되므로 전사 조직도를 중심으로 역할과 책임정도를 기술한다. ISP 대상이 되는 조직에 대한 분석은 그 대상뿐만 아니라 전사적인 조직체계 조사부터 시작을 한다. 그렇게 함으로써 ISP 대상 조직의 위치, 역할, 책임 그리고 타 부서와의 관계를 파악할 수가 있다.

공공분야의 경우에는 그 기관의 홈페이지에 조직도와 담당자 성명과 업무까지 공개가 되어 있어서 쉽게 파악할 수 있다. 반면에 기업은 그렇지가 않으므로 별도로 요청을 해야 하는데 통상적으로 기업에 대한 ISP를 수행할 때에는 꼭 필요한 경우가 아니면 전사조직도를 컨설팅 보고서에 담는 경우가 드물다.

특히 전사차원의 ISP가 아니고 부문업무에 대한 ISP일수록 더 그렇다.

그런데 간혹 한 회사 내에 정보시스템을 관리하는 부서가 여러 개로 분산되어 있는 경우가 있다. 이것은 전사적으로 정보시스템 통제에 문제가 있을 수 있으므로 이런 경우에는 정보시스템 현황 분석 과정에서 그 조직들에 대해서 면밀하게 분석을 할 필요가 있다.

제조업 중에는 회계 등 경영정보를 다루는 부서와 공장 자동화를 다루는 부서가 서로 다른 조직으로 운영하는 경우가 많다. 네트워크 기술과 정보기기가 발달하지 않았고 용도별로 정보시스템이 분리된 시절에는 그러한 체제가 경영에 별다른 문제점으로 부각되지는 않았지만 정보가 경영에 많은 영향을 미치는 요즘은 그러한 체제에 변화를 요구하고 있다.

철도를 운영하는 회사의 경우도 마찬가지이다. 승차권을 발매하는 영업시스템이나 철도운행에 필요한 통신시스템과 정비를 지원하는 시스템 간에 유기적인 정보흐름의 공유와 통제가 경영의 중요한 핵심이 되고 있는 것이다.

공공기관 중에도 업무 수행 목적별로 구성된 부서단위 별로 정보시스템을 독립적으로 운영하는 곳이 많다. 당연히 중복된 업무를 수행하거나 정보단절로 인해서 경영에 부담이 되는 경우가 발생하고 있다.

ISP에서는 조직에 대하여 깊숙하게 다루지는 않고 다만 정보공유와 통제 측면에서만 조사와 분석을 한다. 그 분야는 조직 재설계에 속하고 또 다른 전문분야이기 때문이다.

분석 방법은 정보시스템 현황 분석 중에 관리체계에서 다루기로 한다.

업무현황 분석

업무현황 분석은 ISP 대상 업무의 수행절차와 방법을 이해하고 대상 업무 프로세스에 대한 관점 별 현황 분석을 하는 것이다. 이를 통한 문제점을 도출하여 이슈 및 개선사항 도출을 위한 기초자료를 마련하는 것이 주요 활동이다.

업무현황 분석은 그 범위를 고객의 요구사항에 맞추어서 진행을 하되 프로세스를 중심으로 하며 분석은 업무 흐름 효율성, 업무 표준화, 업무 정보화 등에 대한 관점으로 분석을 한다.

이것들은 주로 정보화 관점에서 분석을 해야 한다. 자칫 업무 구조를 바꾸어야 하거나 조직까지 변경을 해야 하는 선까지 가면 안 된다. 누차 강조하지만 ISP는 오직 정보화 관점에서만 분석을 해야 한다.

분석은 주로 ISP 대상 업무를 해야 하지만, 가능한 확대하여 조사를 하는 것이 좋다. 대상업무와 관련이 있는 업무와 연관이 있을 수 있기 때문이다. 그 방법은 업무매뉴얼, 면담 등을 활용한다. 업무 흐름 효율성은 해당 업무의 프로세스를 분석하는 것이다.

미국의 경영학자 Rummer G. A는 '조직은 아무리 뛰어난 자원을 보유했다고 해도 그 조직이 보유한 프로세스 성능 이상의 능력을 발휘할 수는 없다'라고 말했듯이 모든 조직은 정해진 프로세스 대로 일을 하므로 그 프로세스를 여하히 분석하는가에 따라서 미래 목표 모델의 타당성 여부를 가름할 수 있다.

업무 프로세스 분석은 그 업무의 시작과 끝까지 분해를 하는데 분해 방법은 3수준으로 나누어서 진행할 수 있다.

- 제1수준은 단계(Phase)라고 부르고 이것은 상징적인 이름일 뿐이며 구체화되지는 않은 상태이다. 예를 들어서 '인사관리'와 같은 것이다.
- 제2수준은 활동(Activity)이라고 부르며 이것 또한 상징적인 이름일 수도 있지만 분석 대상이 될 수 있다. 예를 들어서 '채용관리'와 같은 것이다.
- 제3수준은 작업(Task)이라고 부르며 가장 하위의 프로세스라고 할 수 있다. 예를 들어서 '채용공고'와 같은 것이다.

이렇게 세가지를 통틀어서 프로세스라고 부르며, 분석 대상 업무를 어떻게 분해를 해서 프로세스화 할 것인가? 어느 수준에서 분석을 해야 하는가? 이것은 컨설턴트의 역량이 필요한 부분이다.

컨설턴트에 따라서 프로세스 분해하는 관점이 조금씩 다르다는 뜻이다.

컨설턴트가 경험을 한 업무라면 쉽게 접근이 가능하겠지만, 처음 접하는 업무라면 업무에 대한 이해부터 시작을 해야 한다. 당연히 시간과 노력이 많이 드는 일이다.

처음 접하는 업무의 경우에는 아래의 방법을 활용한다.

- 고객업무에 대한 업무 매뉴얼을 참조한다.
- 고객에게 프로세스 흐름도 사례를 보여주고 자신의 업무에 대해서 스스로 그리도록 요청을 하되 잘 안되면 컨설턴트가 그린다.
- 고객과 면담을 통해서 담당업무의 주요 내용과 선행-후행 관계를 파악한다.

업무 프로세스를 분해하기 위한 수준 파악을 하기 어려운 상태라면 무엇이던 그 프로세스가 끝나면 문서(보고서, 신청서 등)를 작성하는 것 혹은 이와 관련된 화면에 입력작업(Task)을 하는 것으로 정의하고 이것들의 묶음을 상위 수준인 활동(Activity)으로 정의한다.

문서나 양식은 최하위 프로세스의 구별 기준이다

▩ 업무 프로세스 체계도 작성

프로세스 분석은 프로세스 체계도의 작성부터 시작을 한다.

프로세스 체계도는 해당업무의 1수준(단계, Phase)을 맨 위에 위치하고 그 하위에 조사된 활동(Activity)과 작업(Task)을 배치한다.

작업의 개수가 많아서 도식화가 어려운 경우에는 2수준인 활동까지만 도식화를 하고 나머지 작업에 해당하는 것들은 프로세스 흐름도로 작성을 한다.

업무 프로세스 체계도는 주로 조직도를 바탕으로 작성을 한다.

그 조직에 역할과 책임을 구분할 수 있는 명칭이면 좋지만 1팀, 2팀 이런 식으로 구성되어 있으면 부득이 체계도에 그 부서의 주요 업무 명칭을 부여한다.

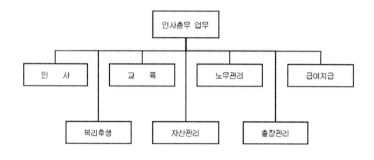

[그림 21] 프로세스 체계도 사례 1

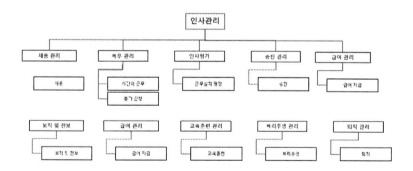

[그림 22] 프로세스 체계도 사례 2

인사관리 업무에 대한 프로세스 체계는 [그림 22]나 [그림 23]의 사례와 같이 각 조직별로 다르기도 하고 컨설턴트의 분석 관점에 따라서 다르게 표현하기도 한다.

하지만 업무 프로세스 체계도를 작성하는 이유는 조직을 분석하려는 목적이 아니고 대부분의 경우 조직에 해당 업무의 역할(예: 인사관리팀)을 표현하기 때문에 단순히 프로세스 분할에 참조를 하기 위한 것이다.

조직체계를 파악하기 위해서는 인사규정, 직무규정 등을 참조하는데 공공의 경우는 관리가 잘 되고 있지만, 기업의 경우에는 명확하게 관리되지 않는 경우도 많다.

경영환경에 따라서 조직이 수시로 바뀌거나 여러 가지 성격이 다른 업무를 수행할 때가 있기 때문이다. 이렇게 참조할 자료가 충분치 못한 경우에는 부득이 면담을 통해서 파악을 한다.

중요한 것은 어느 수준이 되었든 프로세스의 흐름을 나타낼 수 있는 수준까지 분해를 해야 한다. 그래야 문제점 도출이 가능하기 때문이다.

업무 프로세스 분석은 주로 그 업무에 적용하는 규정을 기반으로 조사를 하고 그 규정을 바탕으로 업무를 이해한다. 회계규정, 출장규정, 복무규정, 설비 유지보수작업 규정 등이 이에 속한다.

■ 프로세스 흐름도 작성

프로세스 체계가 분석되었으면 각 프로세스(활동 혹은 작업)에 대한 흐름도를 작성한다.

프로세스 흐름도는 구별된 활동 혹은 작업의 단위를 기준으로 좌에서 우측으로 그리는데 각 프로세스는 일의 선후행을 고려하고 그 일이 끝나는 시점은 주로 문서작업이 끝나는 것을 기준으로 한다.

예를 들어서 채용의 경우 다음 〈표 8〉과 같이 프로세스를 구분하는 방법과 같다.

〈표 8〉 프로세스(활동 혹은 작업)를 구분하는 방법(문서발생 기준의 경우)

활동 혹은 작업	계획수립	→	채용공고	→	응모접수	→	평가	→	선정
문서	채용 계획서		공고서		신청서		평가서		선정 결과 보고서

즉 조사한 프로세스 결과에 문서(양식 등)가 없다면 그것은 더 분해를 해야 하거나 프로세스로서 다룰 수가 없다는 뜻이다. 이것은 단지 문서뿐만 아니라 관련 정보시스템의 화면에 입력하는 것도 포함을 한다.

프로세스 흐름도는 여러 명이 작업을 하므로 [그림 23]와 같이 표기방법(notation)의 표준화가 필요하다.

기호	명칭	내용
시작/종료	시작/종료	처리과정의 시작/종료
단위업무 (오프라인)	Activity (오프라인)	오프라인 혹은 수작업으로 처리되어지는 업무의 의미를 가지는 최소단위
단위업무 (온라인)	Activity (온라인)	온라인 자동으로 처리되어지는 업무의 의미를 가지는 최소단위
판단	의사결정	해당 분기로부터 나가는 Transition에 대해 조건 기술
분기	조건분기	업무활동을 수행에 있어 처리를 위한 조건에 대한 분기를 표시 (3개 이상으로 분기될 경우)

기호	명칭	내용
연결	연결자	업무흐름 내에서의 연결 페이지를 넘어가거나 혹은 같은 페이지 내에서라도 표현할 수 있음
타 프로세스	타 프로세스	선행, 후행, 연관되는 타 프로세스
시스템명	관련 시스템명	정보흐름상 사용하는 시스템 명
→	업무흐름	업무 수행하는 단위업무와 단위업무를 연결하는 흐름
-----	업무활동 시 활용하는 시스템 흐름	업무흐름과 관련한 시스템 연결선

[그림 23] 업무흐름도 작성 기준(표기방법 표준화 사례)

흐름도를 작성하기에 앞서서 해당 프로세스의 개략적인 이해를 위하여 업무 개요서를 작성한다.

업무 개요서는 해당 프로세스에 대한 설명, 수행주기, 내부규정, 관련부서(프로세스 Owner, 협조부서) 관련 정보시스템, 외부조직(회사, 기관) 및 연계정보, 특기사항을 기록한다.

[그림 23]에서는 여러 가지 표기법을 제시했지만 사실 나는 두세 가지만 활용을 하고 있다.

프로세스흐름도 작성을 지원하는 CASE[24] Tool이 여러 가지가 있다. 그런 Tool을 사용하면 처음에는 편하고 좋지만 보완 등 변경작업을 할 때나 다른 사람과 공유를 해야 할 때 오히려 방해가 되기 때문에 나는 몇 번 쓰다가 포기하고 그냥 ppt로 그리고 있다.

---

24) CASE(Computer Aided Software Engineering) 소프트웨어 개발지원을 위한 자동화

프로세스 ID	HR-2-1	프로세스 명		채용	상위 프로세스 명	인사·급여 > 채용 관리	페이지	1/6
업무 프로세스 설명		00의 정규직 혹은 비정규직 (자회사 전문직 제외) 직원을 채용하는 업무 절차						
업무 수행주기 및 처리시간		• 수행주기 : 인력 충원 요청 시 • 처리시간 : 1개월			내부규정	• 인사규정 • 채용관리내규 • 별정직 인사관리 내규 • 신규임용 직원 인사처리 내규 • 비정규직 채용 사전심사제 운영지침 등		

관련 부서 [연계 정보명]		• 수요 부서 : 인력 충원 요청서
		• 인사파트 : 채용 계획(안), 서류전형 결과 보고서,
		  필기시험 전형 결과 보고서, 면접전형 결과 보고서,
		  최종합격자 선발 결과 보고서
		• 지원자 : 응시 원서, 근로계약서 등
					관련 시스템명[내부]	• 전자결재시스템
						• 채용시스템
						• 경영정보시스템		

외부 관련 기관 [교연계정보명]		• 필기시험 위탁 기관 • 인성검사 위탁 기관			관련 시스템명[외부]	외부 시스템의 채용시스템 Work·Net		
특이사항								

[그림 24] 프로세스 개요서

업무 흐름도(혹은 프로세스 Map이라고도 함)는 활동 혹은 작업의 수준으로 작성을 한다.

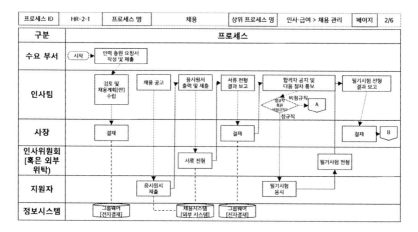

[그림 25] 프로세스 흐름도 사례 1

좌측에는 수요부서, 주관부서(프로세스 Owner), 관련자와 정보시스템 등으로 구분을 한다.

프로세스 흐름은 박스나 기타 해당되는 기호로 표기를 하고

[그림 25] 프로세스 흐름도와 같이 좌에서 우측으로 혹은 [그림 26]과 같이 위에서 아래쪽으로 그려 나간다.

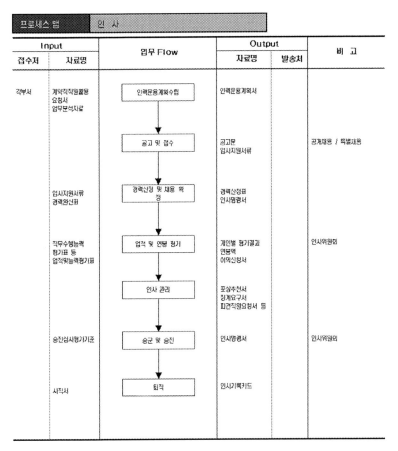

[그림 26] 프로세스 흐름도 사례 2

이때 박스 안에 프로세스(활동 혹은 작업)는 가능한 그 결과가 문서로 나타나는 것들을 표기하면 더 좋다. 왜냐하면 나중에 그 프로세스가 작동을 하기 위한 정보를 파악하기 위해서는 각 문서에 표기되는 관리항목(메타데이터, 예: 부서명, 신청자, 신청일자 등)을 활용할 수 있기 때문이다.

또 다른 사례는 입찰과정 업무에 대한 프로세스 흐름도이다. 이곳에는 검토요청 분기점에 검토 횟수를 표시한 것이 특징이다.

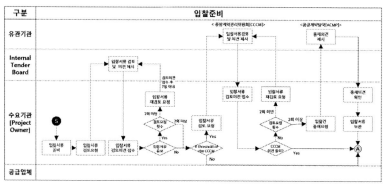

[그림 27] 입찰업무 프로세스 흐름도 사례3

또 다른 사례는 모 연구소의 기술수요 조사 업무 흐름도이다. 각 활동별로 간단하게 주석을 달았다.

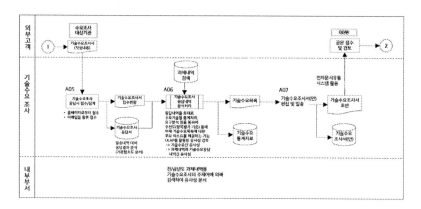

[그림 28] 기술 수요조사 업무 흐름도 사례 4

■ 업무활동 기술서 작성

해당 업무의 업무흐름도 작성이 끝나면 업무활동 기술서를 작성한다. 업무활동 기술서는 업무 흐름도에 나타난 각각의 활동들의 세부 내역을 작성하는 것이다. 활동 명, 목적 및 개요, 입력물, 주요처리절차, 출력물, 관리항목 등이 이에 해당한다.

모든 항목이 중요하지만 특히 그 활동의 관리항목이 중요하다. 이것으로 메타데이터를 구별하고 궁극적으로는 DB설계를 위한 것이다.

| 프로세스 ID | HR-2-1 | 프로세스 명 | 채용 | | 상위 프로세스 명 | 인사·급여 > 채용 관리 | 페이지 | 4/6 |

업무 활동명	설명	입력 정보	출력 정보	관리항목	정보 시스템
인력 충원 요청서 작성 및 제출	인력을 충원하고자 하는 부서는 인력 충원 요청서을 작성하여 팀장의 승인을 득한 후 인사팀에 제출	인력충원 계획서	인력 충원 요청서	요청부서명, 요청사유, 요청직급, 요청인원, 요청기한, 요청조건	그룹웨어 [전자결재]
검토 및 채용계획(안) 수립	인사팀은 인력 충원 요청서을 검토 후에 채용계획(안)을 수립하여 사장에게 제출	인력 충원 요청서	채용계획(안)	채용직급, 채용인원, 채용조건, 채용일자	그룹웨어 [전자결재]
결재	사장은 채용계획(안)에 결재	채용계획(안)	결재된 채용계획(안)	품의일자, 품의제목, 품의 내용	그룹웨어 [전자결재]
심의	인사위원회는 인력 충원의 필요성을 검토, 심의	결재된 채용계획(안)	심의 완료된 채용계획(안)	이사위원 명단, 채용계획(안)	.
채용 공고	인사팀은 홈페이지, 잡코리아, 사람인터넷, Work-Net 등에 채용을 공고	심의 완료된 채용계획(안)	채용 공고	채용직급, 채용인원, 채용조건, 채용일자	홈페이지 등
응시원서 제출	지원자들은 채용 공고에 따라 '입사지원서 및 '자기소개서' 등을 OO이 사용하고 있는 채용시스템(외부시스템)에 제출	채용 공고	제출된 응시원서	응시일자, 응시지명, 학력, 경력, 자기소개서, 추천서, 상훈, 이메일, 신화번호, 응시분야	채용시스템 [외부 시스템]
응시원서 출력 및 제출	인사팀은 응시원서를 출력하여 심사위원들에게 제출	제출된 응시원서	심사위원에게 제출된 응시원서	응시번호, 응시자명, 응시자명, 학력, 경력, 차기소개서, 추천서	채용시스템 [외부 시스템]
서류 전형	심사위원들은 서류 심사을 수행한 후 결과를 인사팀에 제출	심사위원에게 제출된 응시원서	서류 심사 평가 결과	응시번호, 응시자전형, 평가표, 심사위원명, 심사일자	.
서류전형 결과 보고	인사팀은 서류전형 결과를 사장에게 보고	서류 심사 평가 결과	서류전형 결과 보고서	품의일자, 품의제목, 품의 내용	그룹웨어 [전자결재]
결재	사장은 서류전형 결과보고서에 결재	서류전형 결과 보고서	결재된 서류전형 결과 보고서	승인일자, 품의제목, 품의 내용	그룹웨어 [전자결재]
합격자 공지 및 다음 절차 통보	인사팀은 서류전형 합격자를 홈페이지에 알리어에 공지하고 합격자들에게 다음 절차(등(필기규칙: 필기시험 일정, 비필기규칙: 면접 일정)을 통보	결재된 서류전형 결과 보고서	합격자 공지 및 개별 통보	응시번호, 성명, 이메일, 전화번호, 필기시험일자 및 시각, 시험장소	홈페이지
필기시험 응시	시용전형 합격자들을 통보받은 대로 필기시험에 응시	합격자 공지 및 개별 통보	필기시험 응시	응시번호, 성명, 응시분야, 필기시험 항목	채용시스템 [외부 시스템]
필기시험 전형	인사팀은 외부 위탁기관에 필기시험을 실시하고 결과를 인사팀에 제출	필기시험 응시	필기시험 결과	응시번호, 성명, 응시분야, 성적	채용시스템 [외부 시스템]
필기시험 전형 결과 보고	인사팀은 필기시험 전형 결과을 사장에게 보고	필기시험 결과	필기시험 전형 결과 보고서	품의일자,품의제목, 합격자 명단	그룹웨어 [전자결재]
결재	사장은 필기시험 전형 결과 보고서에 결재	필기시험 전형 결과 보고서	결재된 필기시험 전형 결과 보고서	승인일자, 품의제목, 합격자 명단	그룹웨어 [전자결재]

[그림 29] 업무활동기술서 사례

업무활동명은 업무 흐름도에 표기된 박스 안에 프로세스 이름과 일치(반드시!)시켜야 하고 이에 대한 설명을 작성한다.

입력정보는 해당 활동을 수행하기 위해서 필요로 하는 정보이며 주로 문서명을 반영하며 출력정보는 활동이 끝난 후에 작성되는 문서를 의미한다. 문서는 최하위 작업의 구별 기준이기도 하다.

관리항목은 그 문서를 통제하는 것들이다. 부서명, 채용직급, 성명, 전화번호 등 메타데이터로 부를 수 있는 이것들이야 말로 미래모형 중에 DB모델구성에 참조해야 할 것들이므로 최대한 추출하는 것이 좋다.

시스템의 모든 기능은 데이터 없이는 작동할 수 없다. 그런데 그 기능은 업무 프로세스를 지원하기 위한 것이므로 결국 데이터 식별이 중요하다는 것이다.

데이터로 변환되는 관리항목은 고객과의 면담이나 자료요청 시에 활동과 관련된 문서(양식, 보고서 등)들을 요청해서 확보한다.

프로세스 ID	프로세스명	관리항목명	출처	비고
HR-2-1	응시원서 제출	응시번호, 성명, 주소, 생년월일, 학력, 경력	응시원서	채용시스템
HR-2-1	서류전형	심사위원 성명, 전형일자, 응시번호, 평가결과	심사위원요청서, 평가표	채용시스템

[그림 30] 업무 프로세스에 따른 관리항목 추출 구성도

이 일은 시간이 많이 걸릴 수 있지만 현재 문서뿐만 아니라 프로세스에 문제와 개선점도 발견할 수 있으므로 반드시 기록하는 것이 좋다.

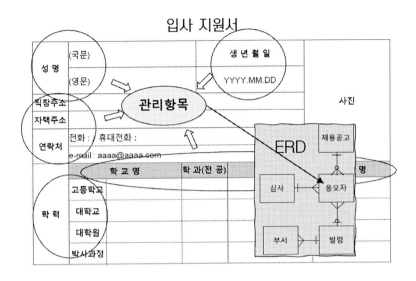

[그림 31] 입사지원서의 관리항목(사례)

이 부분을 간과하고 현재 정보시스템 분석에서 DB를 분석하면 된다는 컨설턴트도 있지만, 이것은 현재 업무를 진행하기 위한 정보가 DB에 충분하게 반영되었다는 가정이 있어야 한다.

이미 정제된 테이블에 항목(Column, Item)만 가지고는 현재 업무처리에 문제점(부족)을 파악하기가 불충분할 수 있다. 때로는 관리항목이 각 활동에 중복적으로 나타나는 경우가 있다. 이것은 그대로 표기를 해야 한다. 그 만큼 중요하게 다루어야 할 Data이다. 업무 간에 연결되는 key가 되기도 하기 때문이다.

이러한 것들이 업무활동 기술서에 관리항목을 간과해서는 안되는 이유이다. 이것을 위해서 관리항목은 별도로 엑셀로 정리를 하면 후에 DB모델 구성에서 개념적 ERD를 구성하기가 편하다.

　작성해야 할 산출물의 양이 많다면 본문 보다는 별첨으로 하는 것이 좋고 본문은 요약형태로만 작성하는 것이 좋겠다.

　업무관계도 작성은 업무흐름에 대한 조사가 끝나면 업무간 관계도를 그린다. 아래 [그림 32]은 모 회사의 전사 업무관계도다.

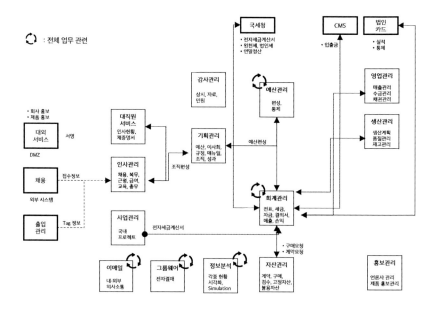

[그림 32] 모 제조회사의 업무 관계도 사례1

다른 사례는 [그림 33]는 모 협회의 신규회원 관리에 관한 업무 관계도이다.

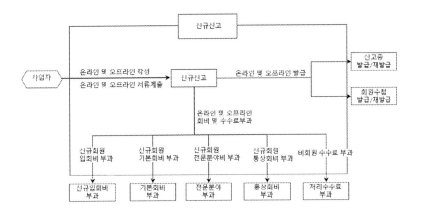

[그림 33] 협회의 신규회원 관리업무 관계도 사례2

업무에 대한 흐름과 연관성을 파악한 후에 컨설턴트가 정리해야 할 문제점과 개선방향은 주로 아래와 같은 관점으로 분석을 한다.

- 업무 흐름 효율성
- 업무 표준화
- 업무의 정보화 정도

업무 흐름을 파악하면 그 효율성이 보인다

업무 흐름 효율성은 흐름을 프로세스 중에서 불필요하다고 판단되는 중복성, 반복성 그리고 활동 간에 정보의 단절 등을 파악하기 위한 것이다.

정보의 단절은 서로 가까운 활동 보다는 단계간에 나타나는 일이 많다. 예를 들어서 채용에서 확보된 정보들이 있음에도 불구하고 입사 후에 인사기록카드를 새롭게 다시 작성해야 하는 것이 대표적인 예이다.

응모를 위한 서류에는 성명, 학력, 경력 등은 물론이고 특기, 자격증, 취미 등 인사관리에 필요한 정보들을 많이 요구한다.

하지만 평가에만 참조를 하고 입사 후에 인사기록카드를 작성하기 위한 대부분의 항목들은 다시 작성을 하거나 누락되기도 한다.

대수롭지 않은 프로세스라고 생각할 수 있지만 직원의 정해진 근무시간에 해야 하므로 당연히 효율적인 관리가 필요한 부분들이다.

정보 단절부분에 분석을 확대하면 업무간, 시스템간 인터페이스에 대한 필요성을 발견하게 된다.

평가와 발령과의 관계 혹은 인사와 재무 간의 관계가 바로 그것이다. 인사정보에 있는 데이터를 무시하고 설비관리 업무에서 작업자의 이름을 새로 입력하는 경우가 허다하다.

용어표준화 검토

용어 표준화는 각종 규정이나 문서에서 사용하는 절차와 용어를 분석하는 것이다.

업무활동에 관한 절차와 용어를 파악하다 보면 의외로 용어 일관성에 문제가 많다는 것을 발견하게 된다. 용어를 사용함에 있어서 동음 이의어, 이음 동의어는 정보화에 방해가 되므로 이를 구별해서 교정을 하도록 개선방향에 제시를 해야 한다.

규정뿐만 아니라 문서(서식, 양식)도 살펴봐야 한다. 신청서, 조사서, 결산서 등에 각각의 항목을 살펴보면 이 또한 일관성이 없거나 규정과 다르거나 이음 동의어, 동음 이의어가 발견된다.

〈표 9〉 이음동의어와 동음이의어 사례 표

이음동의어 사례	동음이의어 사례	비고
지원자이름, 응원자성명	먹는 배, 타는 배, 사람의 배	
응모일자, 제출일	먹는 밤, 야밤	
재능, 특기	타는 말, 언어 말	
종료, 완료	계절 철, 금속 철	
착수일자, 시작일자	시간 시계, 시야 시계	

이음 동의어는 업무 수행을 하는 담당자의 관점이나 습관에 따라서 다르게 표현하는 경우에 발생을 하고 동음 이의어는 주로 한문을 한글로 사용하는 경우에 그 혼란이 생기고 있다.

그래서 정보화에서 사용되는 업무용어에 혼란은 이음 동의어가 동음 이의어보다 더 많다.

이러한 것들을 DB Table 구성 시 서로 다른 속성으로 정하면 무결성이 훼손되는 원인이 되기 때문에 교정을 하도록 개선방향에서 제시를 해야 한다.

용어 표준에 위배되는 사항은 현재의 상태에 대한 분석 결과 뿐만 아니라 다음에 DB설계에도 반영을 해야 하지만 심각한 경우에는 표준화 및 DB 정제작업을 목표과제로 정해서 실행을 하도록 하여야 한다.

ISP는 기능과 데이터 그리고 기반을 설계하는 일이다.

그 일의 시작인 프로세스 분석의 관점이 정보화를 위한 부분에 집중을 하여야 한다는 뜻이기도 하고 컨설턴트가 업무 이해를 하기 위해서만 하는 일은 아니라는 뜻이기도 하다.

용어표준화 여부를 검토하는 일 역시 프로세스 분석에서 중요한 부분이다. 이것들은 추후에 개발자가 DB나 화면을 개발할 때 참조가 필요한 부분이기도 하다.

업무활동 기술서 작성이 끝나면 현황 및 문제점에 대해서 기술을 한다. 문제점에 대한 것들은 현황 분석 단계 말에 모아서 공통점을 분류하고 이에 대한 개선방향을 수립할 때 쓰이므로 가능한 짧고 명료하게 작성하는 것이 좋다.

〈표 10〉 특정 업무의 주요현황 및 문제점 분석 표

구분	주요 현황 및 문제점
문제점1	채용시스템을 서류전형에만 활용함
문제점2	채용 확정된 인원의 인사기록을 경영정보시스템에 수기로 입력하고 있어서, 시간낭비, 누락, 오타 등의 문제가 발생하고 있음
문제점3	채용 확정된 응모자의 채용시스템에 있는 정보를 충분하게 활용하고 있지는 못함

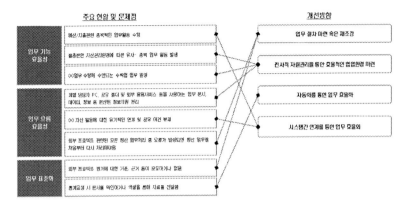

[그림 34] 업무현황 분석결과 문제점 및 개선방향 분석도

설문이 끝나고 면담을 하는 것이 좋다

설문과 면담은 매번 프로젝트를 할 때마다 갈등이 생긴다. 그 활동을 해야 할 시점 때문이다.

설문과 면담은 환경과 현황 분석을 마치고 ISP 대상에 대한 충분한 이해를 해야 가능한 일이기도 하고 현황 분석을 충실히 하기 위해서 그 과정 중에 해야 할 일이기도 하다.

성급하게 프로젝트 첫날부터 설문지를 배포하거나 면담 요청을 할 수는 없기 때문에 대략 환경 분석 중간 정도에 시작을 하는 것이 좋겠고 현황 분석에서 조직과 업무현황 분석 중간 정도에 하면 더욱 좋겠다.

이때쯤이면 ISP 대상에 관해서 어렴풋이 윤곽이 잡히기 시작하기 때문이다. 너무 늦게 진행을 하면 보고서에 다시 반영하기가 번거로울 수가 있고 너무 이르면 질문과 답변의 초점이 ISP의 범위와 목적에 충족하지 못할 수도 있기 때문이다.

일정과 방법에 대해서 고객과 협의를 하다 보면 늦어져서 곤란을 겪는 경우도 있는데 이런 일이 생기지 않도록 최대한 조절을 하는 수밖에 없다.

설문과 면담은 [그림 35]과 같은 절차로 진행을 한다.

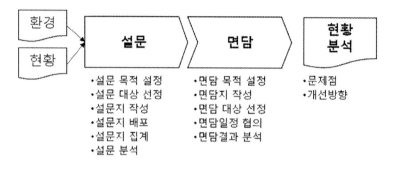

[그림 35] 설문 및 면담 절차도

프로젝트 진행 일정상 부득이하게 설문과 면담을 병행해야 할 때도 있지만 가능한 설문이 끝나고 면담을 하는 것이 좋다. 컨설턴트가 설문결과를 보고 전반적인 이해를 해야 면담이 더 효과적으로 진행될 수 있기 때문이다.

설문은 20문항 이하의 객관식이 좋다

설문 목적, 대상, 배포 및 수집방법이 결정되면 설문지를 작성

정보전략계획 ISP 수립 실무

한다. 설문지는 가능한 구조화를 해서 만족도 조사의 경우에는 5점 척도로 답을 받는 것이 좋고 의견을 물을 때는 예를 들어주는 것이 좋다.

주관식이거나 서술식의 질문은 할 때는 컨설턴트 입장에서는 편할지 모르지만 고객의 모호한 답변으로 인해서 분류와 집계에 많은 시간을 들여야 하기 때문에 최소화해야 한다.

설문은 20문항을 넘지 않는 것이 좋겠다. 설문 대상자가 설문에 응답하는 시간은 10분 이내로 해서 최대한 짧은 시간에 답을 할 수 있도록 해야 한다.

가장 안타까운 것은 저조한 응답률이다. 너무 저조한 응답률 탓에 독려 전화 등 갖은 방법을 다 동원하지만 큰 효과는 보지 못했고 커피쿠폰 등의 보상을 하면 조금 나아질 뿐이다.

그래서 나는 설문 대상자들에게 설문이 끝나면 설문 결과를 꼭 공유하겠다는 약속도 하고 그대로 실행도 하지만 그때는 이미 설문이 끝난 뒤이다.

우리 모두 자주 경험하는 바이지만 이메일이나 스마트폰으로 설문조사 요청을 자주 받는다. 특별하게 관심이 있는 분야라도 귀찮아서 응답을 피하게 된다. 시간을 들여서 응답을 한 경우에 나에게 당장 돌아오는 혜택이 없기 때문이다.

나의 경험상 통상적으로 보상이나 특별한 독려가 없는 설문은 그 응답률이 5%를 넘지 않는다. 그래서 몇 천 원짜리 커피쿠폰 등을 제공하지만 설문 대상자가 100명이 넘는 경우에는 예산이 부족해서 커피쿠폰 조차도 부득이 제한적으로 제공을 해야 했다.

어쨌든 최대한 설문 응답률을 유의미하게 끌어올리는 보상 또는 강제 등의 방안이 필요하다.

연구 결과[25]에 따르면 사례금의 효과에 대하여 전체의 23.9%에 해당하는 1,193가구가 긍정적인 답변을 했고 현금보상의 영향이 없었다고 응답한 가구는 8.7%에 불과했다.

약간 긍정적인 영향을 미쳤다고 응답한 가구는 무려 42.2%에 달했으며, 그다지 큰 영향이 없었다고 응답한 가구는 21.6%였다. 이상과 같은 결과는 보상과 조사참여를 연계해 판단하고 있었던 응답자들이 많았다는 뜻이다.

설문의 대상이 ISP 대상 조직 내에 임직원이 아니고 불특정 다수인 경우에는 설문조사 대행업체에 의뢰를 하기도 한다. 이들은 다수의 고정 패널을 분야별로 보유하고 있어서 응답률이 매우 높고 빠른 장점이 있기 때문에 나는 필요할 때에 가끔 이용을 한다.

이 중에 어떤 설문대행업체와 계약을 하고 설문지의 내용을 협의를 한 후에 패널들에게 배포를 했는데 단 하루 만에 결과가 나왔다.

너무 깜짝 놀라서 어떻게 1,200명이 넘는 응답자(응답률 80%)로부터 그렇게 빠르게 응답을 받았냐고 물었다. 과정과 결과에 의심이 생길 지경이었다.

하지만 그 회사는 나름 대로 방법이 있었다. 기본적으로는 약 5만 명의 패널을 유지하고 있었고 의뢰 받은 설문 대상자 1,500

---

25) 응답자 사례금, 조사에 영향이 있는가, 2007.10, 한국노동연구원 성재민

명에게 오후 7시에 스마트폰 앱으로 설문요청을 했다는 것이다.

오후 7시는 대부분 퇴근 무렵이라서 응답률이 가장 높고 스마트폰으로 하는 것이 이메일 보다 응답률이 높다고 한다. 전문회사 다운 서비스였다.

응답자의 직급과 직무에 따라서 다르기는 하지만 어쨌든 나의 경험이 따르면 응답률이 30%정도까지라면 공감할 수 있는 의견에 대한 수집이 가능하다고 생각한다.

설문은 2가지 측면에서 접근을 한다.

- 첫째는 ISP 대상이 귀납적 접근이었을 때는 무엇을 원하는지를 물어보는 것이다. 예를 들어서 당신이 하는 업무에 어떤 부분이 정보화가 필요한가? 등이다.

- 둘째는 ISP 대상이 연역적 접근을 필요로 할 때인데 조금 더 구체적으로 물어본다. 예를 들어서 회계부서와의 정보공유에 어떤 부문에 어려움이 있는가? 혹은 회계전표 작성에 어떤 어려움이 있는가? 등이다.

물론 2가지 경우를 혼용하기도 하고 설문 대상자에 따라서 설문지가 달라질 수도 있으나 너무 많은 경우에는 부득이 유사한 분야로 모아서 진행을 할 수밖에 없다. 중요한 것은 설문지에 공을 많이 들일수록 분석에 효과를 높일 수 있다는 것이다.

그리고 설문을 하는 이유는 3가지이다.

- 첫째는 공감대 형성이다. 이것은 질문자 즉 컨설턴트의 의도대로 예측된 답변을 유도함으로써 컨설턴트가 제시하는 문제점과 개선방향에 대한 타당성을 입증하려는 목적이 있다. 물론 이것은 컨설턴트가 설문 전에 이미 문제점과 개선

방향을 알고 있는 경우이다.

- 둘째는 새로운 사실의 발견이다. 이것은 대체적으로 귀납적 질문에서 얻을 수 있는 것으로써 컨설턴트가 발견하기 어려운 정도의 업무경험이 많은 응답자로부터 얻을 수 있는 지식이다.
- 셋째는 ISP 프로젝트에 대한 홍보이다. 지금 진행하고 있는 ISP가 응답자에게 어떠한 도움을 줄 수 있는지를 홍보를 해서 관심과 참여를 유도하는 것이다.

설문결과 분석은 주관식이거나 서술식 질문은 다시 분류를 하고 구조화된 설문은 도표로 작성을 해서 가독성을 높인다. 향후 문제점 및 개선방향 수립을 쉽게 하기 위해서이다.

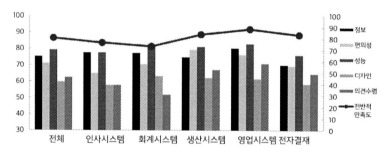

[그림 36] 정보시스템별 사용자 만족도 조사 결과

고위자의 면담준비

면담은 아래와 같이 그 대상자를 분류할 수 있다.

- 설문 응답자에 대해서 추가 질문이 필요한 경우

정보전략계획 ISP 수립 실무

- ISP 대상 업무 담당자에 대한 면담(업무 프로세스, 정보화 등)
- 팀장급 이상의 고급 간부와 임원

면담지는 가능한 설문지와 주제가 동일하게 구성을 하면 나중에 문제점 및 개선방향을 정리할 때 더 쉽게 분석을 할 수 있다.

면담하기에 어려운 대상은 팀장급 이상의 고급간부와 임원 그리고 CEO이다. 이들의 공통점은 모두들 시간에 쫓기거나 ISP까지 관심을 가질 만큼의 여유와 관심이 없는 위치이다.

CEO, 기관장의 인터뷰가 얼마나 어려운가?

모 컨설턴트가 CEO인터뷰를 간곡하게 부탁을 해서 단 10분만의 시간을 할애 받았다고 한다. 인사하는 것 조차도 아까운 시간이다.

그 컨설턴트가 CEO에게 물었다. '해외 출장에서 돌아오신 다음에 회사에 어느 업무가 가장 궁금하십니까?' '내 방에 가장 먼저 들어오는 직원의 보고 내용이 가장 궁금합니다'라고 CEO가 답을 하였다.

그 컨설턴트는 단 10분간의 면담에서 기대했던 답변을 듣지는 못했지만 실망하지 않고 곰곰이 생각을 해서 CEO가 본인이 예측하기 어려운 일들 속에서 산다는 것으로 착안을 해서 BI[26) 기능 중에 하나인 Whit-If Simulation을 착안하였다.

그리고 그 컨설턴트는 CEO가 주로 관심을 갖는 보고서를 분석해서 BI를 미래모형으로 제안을 하였다고 한다.

---

26) BI(Business Intelligence) 현재 및 이력 데이터를 분석하고 예측하거나 이해하기 쉬운 리포트, 대시보드, 그래프, 차트, map의 형태로 결과를 제공

나는 정부 모부처에 장관을 ISP프로젝트와 관련해서 면담을
한적이 있었다. 외부의 컨설팅용역 직원의 장관면담이 쉽게 이
루어 지지는 않았지만 비서의 도움으로 아침 출근 시간에 10분
정도 면담을 하기로 했다. 다행히도 그분은 통상 아침 7시경에
출근을 하는데 그 시간에는 여유가 있다는 것이다. 면담지를 준
비하고 장관실을 방문하였다.

그분은 정보화에 대한 관심이 매우 높았다. 내가 무슨 일을 하
고 있는지 이해를 했고 본인이 필요로 하는 정보와 부처에 정보
화 방향까지 제시를 할 정도로 나에게는 의미 있는 시간이었다.

면담 중간에 장관이 어느 특정부분을 지적하면서 '이 부분에
대해서 직원들은 어떤 생각들을 하고 있지요?'라는 질문에 구두
로 답변을 했지만 미처 예상치 못했던 질문이라서 다소 당황을
했었다.

그 질문의 내용은 이미 지난주에 끝난 직원 설문조사에 있었던
내용이었지만 나는 그 설문 조사결과에 대해서 모두 기억하지는
못했던 것이다. 아무튼 당초 10분 예정 면담시간이 30분을 넘어
서 끝났다. 이 일로 뜻하지 않게 차관까지 면담을 하게 되었다.

장관과의 면담 후부터 나는 임원급 이상의 고급 관리자 면담
시에는 반드시 일반 직원들의 설문 조사결과를 정리해서 가지고
들어갔고 이를 보고하면서 그들의 의향을 물어보곤 한다.

이 방법이 막연하게 면담을 하고 아무 준비도 없는 임원급들
의 동문서답을 듣는 것보다 훨씬 더 효과적이다.

내가 모 회사의 CEO 면담을 한적이 있었는데 그분은 정보화
에 별 관심은 없었고 전자결재 시스템만 사용할 뿐이었다. (높은

그 분에게 현재 회사 내 시스템 운영현황과 설문 조사 결과를 간단하게 보고를 하였다. 그 분은 본인이 생각하는 회사 정보화의 방향에 대해서 대충 이야기를 해 주었다.

나는 끝으로 그분께 한가지 부탁을 드렸다. 'BI시스템을 하루에 한 번 정도라도 사용해 보십시오'라고. 그 분은 사용방법도 모른다고 해서 그 분의 P/C에서 내가 직접 사용방법과 관심을 가질 만한 화면을 보여 드렸다.

그 분은 화면을 유심히 보더니 갑자기 '저 수치는 내가 보고 받는 것과 다르다'라고 하셨다. 그래서 내가 '언제 보고 받으셨습니까?' 라고 하니까 '글쎄 며칠 전인 것 같은데' 그런데 지금 그 화면에는 오늘 아침에 갱신된 월간 영업실적과 계획 자료가 표시되고 있었다.

나는 '사장님께서는 굳이 직원을 만날 필요가 없으면 궁금하실 때 그 즉시에 회사의 여러 가지 경영상황을 쉽게 보실 수가 있습니다'라고 하였다.

얼마 후에 고객과 식사 자리에서 모 팀장이 '요즘 사장님이 웬일인지 BI시스템을 자주 보셔서 신경 쓰이네'라고 말했다. 사실 그 BI시스템은 내가 작년에 설계를 한 것이었다.

어쨌든 면담 결과는 동일 주제별로 문제점과 개선방향으로 분류를 해서 구조화를 한다. 추후에 미래모형 수립에 반영을 쉽게 하기 위해서이다.

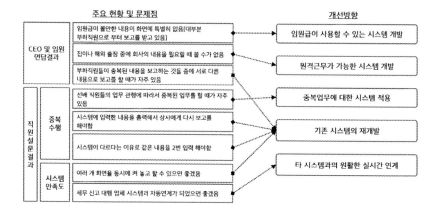

주요 현황 및 문제점

개선방향

CEO 및 임원 면담결과	임원급이 불안한 내용이 화면에 특별히 없음[대부분 부하직원으로 부터 보고를 받고 있음]	임원급이 사용할 수 있는 시스템 개발
	집이나 해외 출장 중에 회사의 내용을 필요할 때 볼 수가 없음	원격근무가 가능한 시스템 개발
	부하직원들이 중복된 내용을 보고하는 것을 중에 서로 다른 내용으로 보고를 할 때가 자주 있음	중복업무에 대한 시스템 적용

[그림 37] 설문 및 면담결과 문제점 및 개선방향 분석도

정보시스템현황 분석

　정보시스템 현황은 ISP 대상 업무가 전사적인 경우에는 모든 업무가 이에 속한다고 할 수 있으므로 이를 분석하기 위해서 정보시스템 관리 체계부터 전사 응용시스템 구성을 하나씩 분석한다.

　정보시스템은 관리체계, 응용시스템, 데이터베이스, 기반구조, 보안, 관리체계 등을 포함한다. 분석의 대상은 정보시스템 운영 조직과 현재 고객이 운영하고 있는 정보시스템에 대한 내용이다.

　전혀 새로운 정보시스템에 대한 설계를 할 때는 이러한 분석이 필요 없을 수도 있다. 하지만 새롭게 설계하여야 할 정보시스템이 현재 운영중인 정보시스템에서 관리 중인 데이터와 기반구조를 참조하거나 활용을 해야 한다면 당연히 그 정보시스템의 구성상태를 분석해야 한다.

정보시스템 관리체계 분석

정보시스템 현황 분석을 할 때는 가장 먼저 정보시스템 운영부서에 대한 관리체계의 조사와 분석을 하는 것이 좋다. 이것은 현업의 업무현황 분석과 마찬가지로 조직분석부터 하듯이 그 역할과 임무부터 살피는 것이다. ISP의 대상조직에 따라서 분석 대상과 범위가 달라지기 때문이다.

정보시스템 관리체계는 담당자 인터뷰 수행 및 자료를 분석하여 고객의 정보화 조직관점, 정보화 업무 프로세스 관점, 정보화 인력 운영관점, 정보시스템 성과측정 등을 통하여 문제점과 개선방향을 제시하는 것이다.

IT Governance라고 부르기도 하는 정보시스템 관리체계는 규칙, 표준이 중시되는 것으로서 기업이나 공공기관 모든 조직에 중요하다.

IT Governance의 대상은 초기에는 주로 물리적인 설비에 대하여 관리를 하는 것부터 시작을 하며, 점차 네트워크와 응용프로그램 그리고 보안까지 그 영역이 넓어지고 있으며 궁극적으로는 투자, 성과관리 까지를 대상으로 한다.

다음 [그림 38]은 IT Governance의 관리수준을 표현한 것이다. 국제적으로 IT Governance수준을 측정하는 방법은 미국의 CMMI[27] 등 여러 가지가 있지만, 나는 간단하게 아래와 같은 관점으로 평가를 한다.

- Level 1: 정보시스템 물리적 자원의 관리(재고, 유지보수 등)
- Level 2: 응용시스템, 데이터베이스, 인력(충원, 교육 등), 보안, 표준 관리
- Level 3: 투자관리, 성과관리

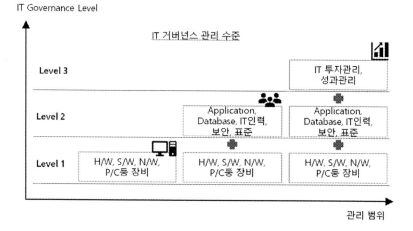

[그림 38] IT Governance 관리 수준 모형도

이렇게 평가를 하는 이유는 문제점과 개선방향을 제시하기 위한 것이다. 이것들은 조직 내에서 평소에 직접 관리하는 것을 의미하며 일시적으로 전문가에 의한 외부 용역으로 컨설팅이나 연

---

27) CMMI(Capability Maturity Model Integration: 능력성숙도모델통합)

구, 개발 및 유지보수 등을 하는 것은 가능한 배제를 한다.

특정목적 때문에 일회성으로 하는 것은 배제하고 조직에 내재화된 경우에 해당한다는 뜻이다. 하지만 외부 용역으로 처리하는 일은 평가에서 제외를 하지만 그 외주 업무의 관리 체계가 명확하고 그대로 준수를 하고 있다면 포함하기도 한다.

고객의 사업유형에 무관하게 기업이나 공공기관 내부의 정보시스템 관리 조직은 그 중요성에 비해서 부각되지 못하고 있다.

우리나라 정보화 초기인 1980년대 말경이나 지금 2023년이나 내가 경험한 바로는 큰 차이가 없어 보인다. 더욱이 업종이 IT전문회사라고 하는 SI회사들도 마찬가지이다.

IT를 기반으로 사업을 하는 Platform회사들(배달, 택시, 쇼핑몰 등)도 역시 마찬가지로 그 조직 내에 정보시스템 관리 부서는 특별하게 발전되지 못하고 있다고 생각한다. 여러 가지 이유가 있겠지만 정보시스템 관리 조직은 경영의 핵심부서가 아니고 인사나 회계 담당부서와 같이 지원조직이라서 그런 것으로 추정할 뿐이다.

하지만 정보시스템은 늘 기술적으로 역동적인 변화를 하고 있으며 그 변화를 예측하고 대응을 해야 하는 점이 다른 지원조직과의 차이라고 할 수 있다.

정보시스템을 관리하는 조직이 여러 개 부서로 분산되어 있는 경우에는 각 부서별로 응용시스템 구성에서부터 관리체계에 이르기까지 동일한 방법으로 분석을 하고 문제점을 도출한 다음 개선방향을 제시한다.

여러 개의 정보시스템 관련 부서를 하나로 통합하는 것이 가장 좋겠지만 그 밖에도 관리방법만을 공유하는 방법도 있다.

전사 정보화 위원회가 바로 그것이다. 통합부서보다는 강제력이나 실효성이 못하지만 가능한 위원장은 조직의 최고 의사결정권자인 CEO나 기관장으로 하고 정기적인 회합이나 이슈 해결을 위한 회의를 하도록 개선방향을 제시하는 것도 방법 중에 하나이다.

고객으로부터 이러한 요구가 있다면 ISP에서는 정보화 위원회 운영 방안을 수립해야 한다.

정보시스템 부서 직원의 업무를 지원하는 시스템은 별로 없다. 이것은 대부분의 정보시스템은 현업의 사용자를 위한 것이라는 것이다.

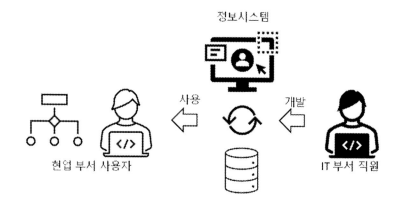

[그림 39] 현업부서 사용자와 IT부서 직원과의 관계도

정보시스템 부서가 하는 일은 현업 사용자를 대상으로 거의 대부분이 일방적인 서비스이며 그들로부터 받는 것은 요구와 만족도일 뿐이다.

이것이 인사나 회계와 같은 경영지원 조직과 다른 점이며 정보시스템을 개발하고 운영하는 부서는 스스로 관리체계를 사용자 지향적으로 운영을 해야 하기 때문에 보다 강도 높은 관리체계가 필요하다. ISP에서는 이러한 관리체계에 대한 수준을 진단하고 개선방향을 제시하는 것이다.

정보시스템 관리체계는 IT서비스, 정보화 업무 프로세스, 인력운영, 성과측정 등에 대해서 조사와 분석을 하고 문제점을 파악한 후에 이에 대한 개선방향을 제시한다.

▓ IT 서비스 현황

IT서비스에 대한 검토는 전사적으로 정보화 조직의 역할과 책임에 어느 정도 충족하고 있는지를 파악하는 것이다.

이것을 위해서 나는 ITIL[28])의 공개된 서비스 체계를 기반으로 일부 편집해서 활용하고 있다.

조사방법은 현업의 사용자들과 정보시스템 관리 조직을 대상으로 설문과 면담을 한 결과를 반영하며, 주로 아래의 내용으로 조사를 한다. 서비스데스크 관리, 기술관리, 운영관리, 응용시스템 관리, 자원관리, 통제가 그것들이다.

---

28) ITIL(IT Infrastructure Library)은 1980년 영국 정부가 개발한 IT 서비스 표준이며 2019년 version 4를 발표함

〈표 11〉정보화 조직의 IT서비스 현황 조사 설문개요

구분	주요 설문 내용	비고
서비스 데스크 관리	서비스 장애, 서비스 요청, 변경 요청에 있어 사용자 들과의 단일접점 역할을 함. 사용자와 IT서비스 조직과의 인터페이스 역할을 담당하며, 다른 서비스 운영 기능들과 구별되어 운영되고 있는가?	
기술관리	세부 기술지원 및 자원을 제공, IT 인프라의 지속적 운영을 지원함. IT서비스 설계, 시험, 배포, 개선 등에 중요한 역할을 수행하고 있는가?	
운영관리	IT 인프라를 관리하기 위해 정의된 성능관리 표준을 준수하며 일상적인 운영 활동을 책임지고 반복적인 운영관리, 모니터링, 통제, 설비관리 등을 수행하고 있는가?	
어플리케이션 관리	어플리케이션 수명주기에 걸친 관리, 어플리케이션의 원활한 운영을 위해 지원 및 관리 기능을 수행하고 있는가?	
자원관리	IT자원의 구매 및 도입에서 활용, 성과관리, 폐기에 이르기까지 체계적인 프로세스 준수의 상태와 예산 및 교육관리에 대한 상태는 어떠한가?	
통제	전사적으로 준용하여야 할 규정 및 조직에 관한 상태, 전사적인 IT조직의 구성 방향은 어떠한가?	

　　모 정보시스템 운영 부서의 서비스데스크~자원관리까지 5개 부문에 대한 설문과 면담조사 결과 나타난 바에 따르면 아래 도표와 같이 기술적 관리와 운영관리에 비하여 서비스 데스크관리, 자원관리, 어플리케이션 관리 부문에 개선이 필요한 것으로 나타났다.

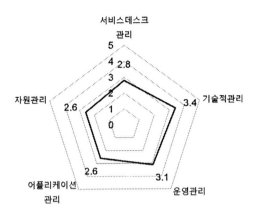

[그림 40] IT 서비스현황 조사결과

설문은 5점 척도로 구성하였으며, 설문결과에 의문이 있는 경우 앞서 조사한 각종 현황 분석 결과를 참조하였다.

평균 3점으로 나타났으며 이는 5점 만점에 비해서 약 60%에 해당하는 수치로서 전반적으로 개선하여야 할 사항들이 있음을 알 수 있다.

- 서비스데스크 관리

  정보시스템 사용자에 대한 지원의 수준을 파악하기 위한 것으로서 helpdesk 전담자 여부, 요청사항 기록여부, 개선방안 수립여부에 관한 3가지 질문에 평균 2.8로서 보통(3)보다 다소 낮은 수준임

- 기술적 관리

  장애에 대한 관리 수준을 파악하기 위한 것으로서 기록관리, 유지보수계약, 모니터링 등 4가지 질문에 대한 답변은

평균 3.4로서 보통(3)보다 다소 높은 수준임

- 운영관리

  IT 자원에 대한 관리 수준을 파악하기 위한 것으로서 IT자원에 대한 식별, 형상관리, 점검, 비상계획, 모의훈련, 백업 실시 여부 등에 대한 질문에 3.1로서 보통(3)의 수준이며, 모의훈련은 거의 하지 못하고 있는 실정임

- 어플리케이션 관리

  정보시스템 관리 수준에 대한 것으로서 서비스 수준, 개발 및 운영의 표준관리 등에 대한 질문에 2.6로서 평균(3)보다 다소 낮은 수준임

- 자원관리

  IT 자원의 관리수준에 관한 것으로서 IT자원의 도입에서부터 폐기에 이르기까지의 제반 절차, 성과관리와 재무관리에 관한 질문에 2.6으로서 평균(3)보다 다소 낮은 수준임

정보시스템 관리 조직에서 하는 일은 크게 2가지이다. 첫째는 정보시스템을 구성하는 각종자원을 관리(개발, 운영)하고 둘째는 정보화를 위한 사업관리를 하는 것이다.

[그림 41]은 모 우리나라 공공기관의 정보시스템 관리 부서의 공통적인 역할이다. 기업과 비교했을 때 핵심업무만 약간 다를 뿐이고 관리요건과 관리대상은 모두 같다.

정보시스템 자료 관리	정보화 사업관리
핵심 업무 • 대외 평가를 위한 평가서 제출 • 국회 등 대외기관 제출을 위한 보고 • 대내 의사결정을 위한 경영진 보고 • 정보시스템 자원현황 현행화 및 자료관리	• 정보화 사업 추진 관련 상위기관 협의 • 사전협의, 보안성 검토 수행 • 현업(사업)부서 정보화사업 추진 지원
관리 요건 • 정보시스템 관리 기준관리(절차, 서식, 관리항목) • 정보시스템 관리 대상 및 범위 관리 • 정보시스템 현황자료 자료관리	• 정보화 사업관리 기준관리(절차, 서식, 관리항목) • 정보화 사업관리 대상 및 범위 관리 • 정보화 사업 추진관련 법·제도 모니터링 및 반영
관리 대상 • 자원(예산, 인력 등)을 투입한 구입, 임대, 용역의 결과물 • 장비류(서버, 네트워크), 소프트웨어(개발, 구입) • OO공사내부에 설치 된 정보시스템 이외에 외부에 설치된 정보시스템도 관리 대상임	• IT 분야의 전문성 • 사업추진 관련 법제도의 충분한 이해 • 최측의 정보시스템 관리 대상도 포함

[그림 41] 정보시스템 관리 조직의 역할 구성도(사례)

■ 정보시스템 인력의 적정성

정보시스템 인력의 적정성 부문은 정보시스템 인력 규모나 조직의 형태에 대하여 조사와 분석을 하는 것이다. 이것은 일반적인 조직의 변화 컨설팅과는 다르게 접근을 한다.

접근관점은 2가지이다 첫째는 고객의 내부와 외부의 요인으로 인하여 정보시스템 조직 및 인력에 미치는 영향을 파악하는 것이고 둘째는 현재 운영 중이거나 향후에 신규로 개발하여 운영할 정보시스템의 운영 능력을 파악하는 것이다.

하지만 지금은 현황 분석을 하는 단계이므로 환경변화와 현재 운영 중인 정보시스템에 대한 운영 인력의 적정성을 검토한다.

분석결과 운영인력이 불충분 하다고 판단이 되면 향후 개선 방향에 적시를 하고 미래모형 수립 시에 해야 할 과제로 다룬다.

• 첫째 고객의 내부와 외부의 환경변화가 정보시스템 조직

및 인력에 미치는 영향 분석

이것은 앞서서 진행한 환경분석 결과를 참조해서 관련 이슈가 정보시스템 조직에 어떠한 영향을 주는지 파악하는 것이다.

환경분석에서 식별한 관련 이슈를 재평가하고 정보시스템 관리 부서의 대응 방향을 제시한다. 아래는 모 고객의 사례이다. 내부조직 이슈는 인원부족과 정보화 지원 서비스 미흡 등으로 식별되었다.

그 이슈의 원인은 IT부서의 분산 운영과 시스템의 노후화, 전사적 관리규정의 미비 등으로 그 인과관계를 파악하였다.

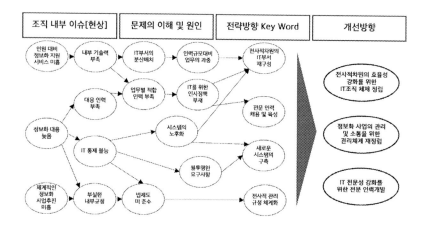

[그림 42] 정보화 조직의 문제점과 개선방향 구성도

• 둘째 현재 운영 중인 시스템에 대한 인력의 충분성

현재 운영 중인 시스템에 대한 운영인력의 충분성 여부를 파악하기 위해서는 여러 가지 방법이 있지만 가장 체계적이고 설득력이 있는 방법은 KOSA(Korea Software Industry Association, 한국소프트웨어산업협회)에서 제공하는 방법이다.

매년 새롭게 발표하는 이것은 소프트웨어 사업 대가산정을 의미하며 이 중에 소프트웨어 운영비 산정방식을 활용하는 것이다.

이 방식을 활용하기 위해서는 해당 정보시스템에 대한 설계 산출물 혹은 현재 시스템 분석과정이 필요하다. 그 자료들을 바탕으로 대가산정 기준에 맞추어서 총 운영비용을 산출하고 그 결과값을 다시 평균임금표에 해당하는 직군으로 환산을 한다. 즉 재화를 인력수로 환산을 하는 것이다.

KOSA에서 제공하는 정보시스템 운영비용 산정방식은 여러 가지가 있으며 나는 그 중에 기능점수에 의한 방식을 응용해서 활용하고 있다.

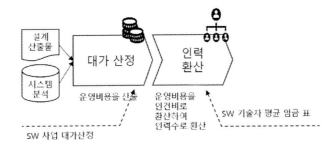

[그림 43] 정보시스템 시스템 운영인력 산정 절차도

〈표 12〉 운영단계 서비스 유형 별 대사산정가이드 표[29]

운영단계 서비스 유형		소프트웨어사업 대가산정 가이드
유지관리	응용SW 유지관리	요율제 방식 변동비방식(완전유지관리) SLA방식
	상용SW 유지관리	요율제 방식
	공개SW 유지관리	정액제 방식
	보안성 지속 서비스	요율제 방식
운영	SW 운영	투입공수방식 고정비방식(운영, 적응/수리유지관리) SLA방식
	보안관제 서비스	투입공수방식
재개발	SW 재개발	기능점수에 의한 방식

이것은 기능점수 방식에 의한 유지관리 대상 소프트웨어 개발비 재 산정과 투입공수 방식 SW운영비 산정 방식으로 구성되어 있다.

기능점수 방식은 운영중인 응용시스템의 기능점수 산정을 의미하며, 투입공수 방식은 운영에 필요한 인력의 규모로 산정을 한다.

이것은 현재 운영 중인 정보시스템의 기능점수를 산정해서 금액으로 환산을 하고 다시 그 금액을 인건비로 변환을 하면 인력 규모산정이 가능하다. 인건비는 협회에서 매년 실태조사를 통해

---

[29] 출처: SW사업 대가산정 가이드(2022년 2차 개정판), 2022.08, 한국소프트웨어산업협회

서 공개를 하고 있으므로 가장 신뢰성이 높다고 할 수 있다.

혹자는 그 방법은 공공기관만 활용이 가능하다고 하지만 기업에서의 공통적으로 적용할 기준이 없으니 이것을 기준으로 하자는 것이다. 이 방법은 기업과 공공의 구분이 필요 없이 응용시스템의 기능을 분해해서 기능점수를 산정하는 것이니까 가장 공통적이고 합리적이라고 할 수 있다.

기능점수 방식을 적용하고자 할 때 어려운 점은 기능점수를 산정하는 과정에 있다.

개발 당시에 산정된 자료가 있다면 쉽고 빠르게 산정이 가능하지만 그렇지 못한 경우에는 부득이 재산정을 해야 하는데 그나마 기본적인 설계 산출물이 없다면 기능점수 방식은 포기할 수밖에 없다.

이런 경우에는 가장 고전적인 방식으로 접근해서 운영 대상 프로그램의 개수, 직원수, 근무시간, 프로그램 개발, 변경 건수와 공수 등을 산정해서 총 몇 명의 직원이 운영을 해야 하는지를 산정해야 한다.

내가 과거에 근무했던 회사에서 있었던 일이다. 매일같이 인력과 경비를 줄여야 한다는 회사방침에 시달리고 있었다. 문제는 현업에 인력이 줄수록 그 공백을 줄이기 위해서 정보시스템의 일은 필연적으로 늘어나기만 하는데 정보시스템실도 인력 감축의 대상이라서 진퇴양난이었다.

처리해야 할 프로그램 개발이 자연히 늦어지고 현업에서는 정보시스템실의 협조가 부족하다는 비난이 늘어나고 있었다.

나는 돌파구를 찾고자 직원들과 함께 과연 우리가 하는 일이 얼마나 많은가를 분석하였다. 그 방법은 앞서 이야기한 고전적인 방법(프로그램 한 개당 변경에 소요되는 공수를 추정치로 산정)대로였다.

조사와 분석을 마치고 CIO를 찾아가서 정보시스템실 직원들이 운영해야 할 응용프로그램에 대한 개발 부하산정 결과와 함께 최근에 접수한 현업부서의 개발요청서를 보고하였다.

그리고 '현업 직원이 엑셀로 일년에 이틀만 작업을 하면 되는 일인데 그 일을 프로그램으로 개발하려면 3년차 직원이 한달 걸립니다. 그러니 현업에서 정보시스템 개발을 요청하려면 성과분석서를 제출하도록 해 주십시오'라고 요청하였다.

CIO는 그 방법에 대해서 승인을 했고 덕분에 약간의 여유가 생겼다.

이러한 이유들 때문에 나는 요즘도 응용시스템 설계를 할 때 기능 중에 사용자의 사용실적을 관리할 수 있는 기능을 넣는다.

▨ 정보시스템 성과관리

정보시스템 성과는 2가지로 나누어서 볼 수 있다. 투자성과와 운영성과가 그것이다.

투자성과는 정보시스템 개발 이전에 기대했던 성과를 기준으로 가동시점에서 약 1~2년 후에 총 투자대비 이득을 비교해 볼 수 있다. 이 책의 서두에서도 거론했었지만 기업의 경우에는 ROI를 분석하고 공공기관의 경우에는 BC 분석을 한다.

두가지 방법 모두 성과의 척도를 재화로 환산하는 것은 동일하지만 ROI는 주로 투자대비 수익율을 평가하는 것이고 BC는 투자대비 공공 서비스의 충족도를 재화로 측정하는 것이다.

투자성과 분석 방법은 이 책의 후반에 이행계획 수립 단계에 정량적 기대효과에서 상세하게 다루었다. 운영성과는 정보시스템 개발 이후 일정기간이 경과한 후에 측정하는 것으로서 기업은 그다지 실행하고 있지는 않지만 공공기관은 전자정부법에 따라서 운영성과 측정을 해야 한다.

공공기관의 경우 전자정부법에 따른 운영성과 측정의 대상은 정보시스템 운영 성과관리 지침(행정안전부)에 따라서 개발 및 구축이 완료되어 서비스 운영이 개시된 시점으로부터 5년이 경과한 정보시스템 들이다.

성과측정은 비용측면과 업무효율성 측면의 2가지 관점의 측정을 통해 5점 척도로 환산하여, 유지, 기능고도화, 폐기, 재개발의 4가지 유지관리 유형으로 평가를 한다.

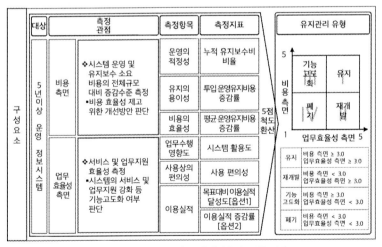

[그림 44] 정보시스템 운영성과측정 흐름도[30]

30) 출처: 정보시스템 운영 성과측정 매뉴얼 재편집, 2017, 행정안전부

이것은 정부의 한정된 예산관리 효율성 문제 해결책으로 나온 것이다. 시간이 갈수록 신규로 개발한 시스템이 다시 운영비용의 증가로 이어짐에 따라서 신규로 개발해야 할 재원의 부족으로 인하여 신규 서비스를 못하게 되는 악순환을 개선하기 위한 노력이다.

실제로 1990년대부터 시작된 정부 정보화 사업은 날이 갈수록 증가하고 있으며 최근에는 개발예산과 운영예산이 비슷한 수준까지 왔다. 정부는 지난 2019년도 국가정보화 사업에 5조 7,838억 원 투입 예정이라고 밝혔다.[31]

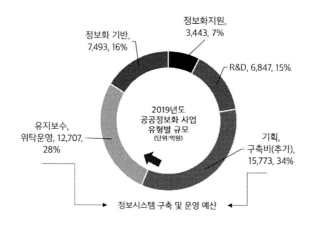

[그림 45] 2019년도 공공 정보화 사업 유형별 예산 규모

그런데 이중에 유지보수 및 위탁운영비 예산이 12,707억 원으

31) 출처: 2019년도 국가정보화 시행계획 개요(정부예산안 기준), 2018.12, 과학기술정보통신부

로서 구축비용인 15,773억 원의 80%에 달한다.

이 비율은 특별한 조치가 없으면 해가 갈수록 늘어만 갈 것이며 한정된 정부 예산에 변화가 없다면 필연적으로 조만간 운영예산이 개발예산보다 커지게 될 것이다. 이것은 신규로 개발할 수 있는 재원이 점차 부족해진다는 뜻이다.

이러한 현상은 비단 공공분야 뿐만 아니라 기업도 마찬가지 상황이다.

내가 모 기업에 정보시스템실 부서장으로 근무를 할 때도 이 문제로 고심을 했었고 그때 해결책은 해당시스템의 가동률을 측정해서 현업 사용자와의 합의하에 가동 중단을 한 적이 있었다.

날로 증가하는 유지보수 비용의 증가가 부담이 되었기 때문이었다. 별로 사용하지도 않는 DBMS, O/S, 서버 등에 대한 유지보수료(라이선스 사용료 등)가 바로 그것이다.

하지만 이러한 운영성과 측정을 하면서 여러 이해관계에 얽혀서 제대로 시행을 하지 못하는 경우가 많다. 뜻은 좋고 전체적으로는 모두가 그 필요성에 대해서 공감을 하지만 막상 특정 시스템을 폐기를 해야 한다는 평가가 나오면 담당자 입장에서는 매우 난처한 입장이 되기도 하기 때문이다.

어쨌든 현재 운영 중인 시스템의 처리 방안을 고심해야 한다면 앞에 [그림 44] 정보시스템 운영성과측정 흐름도와 같은 기준으로 조사와 평가할 것을 권고한다.

내가 모 대기업에 컨설팅 제안을 했는데 그 내용은 운영성과를 평가해서 전체 시스템을 재편성하려고 하는 것이었다. 그 회사는 그룹의 IT를 전담하는 회사였고 제안발표 중에 갑자기

CEO가 들어왔다.

　제안의 요점은 운영성과 측정 방법이었는데 나는 전자정부법의 정보시스템 운영 성과관리 지침을 활용할 것을 제안했고 나의 프로젝트 경험을 소개했다. 그 CEO는 그건 공공기관이나 해당되는 것 아닌가? 기업은 다르지 않은가? 라고 질문을 했다.

　업무의 추진 방법은 다르지만 관점을 좁혀서 정보시스템 개발 및 운영에 관한 사항만 보면 전혀 다를 것이 없다고 답변을 했다. 아쉽게도 수주에 실패했지만 후에 들리는 말로는 경쟁사도 그 방법을 사용했다고 들었다.

　기업과 공공을 비교하는 사람들 중에는 공공업무의 경직성과 형식과 절차 중심의 수행에 대해서 폄하하는 말들을 한다. 물론 절차를 중요시해야 하는 공공업무 측면에서 일부는 맞는 말이지만 정보시스템을 구성하는 요소들(O/S, 서버, DBMS, 개발언어 등)이 공공용으로 별도로 만든 것은 없다.

　앞에 [그림 44] 정보시스템 운영성과측정 흐름도에서 보듯이 여기에 기업과 공공의 구분이 어디에 있는가?

　어쨌든 ISP의 현황 분석 단계에서 성과분석은 주로 운영성과를 분석하는 것이다.

　정보시스템 관리체계 분석과정에서 발견된 문제점들을 모아서 정리를 하고 각각의 개선방향을 수립한다.

　이것은 환경분석과 같은 방법으로 정리를 한다. 여기서 개선방향이라는 것은 구체적인 것이 아니고 무엇을 개선해야 한다는 정도만 기술을 한다. 구체적인 개선방안을 제시하는 것은 추후에 미래모델 수립 단계에서 한다.

문제점 및 개선방향에 대한 정리는 아래와 같이 예를 들어서 설명할 수 있다.

- 정보시스템 관리 규정이 부족하므로 이에 대한 보완이 필요함(O)
- 정보시스템 관리 규정이 부족하므로 이와 관련해서 정보시스템 이력관리가 필요함(X)

응용시스템 분석

■ 전사 응용시스템 구성 분석

우선 전사 응용시스템을 한눈에 파악할 수 있는 전체 구성도를 개략적으로 표현을 하고 각각의 개별 응용시스템들은 추후에 상세하게 분석을 한다. 논리상으로는 전체 시스템 구성은 개별 응용시스템을 파악한 후에 작성을 해야 하지만 전체를 개략적으로 파악부터 하는 것도 좋은 방법이다.

다음 [그림 46]은 모 제약회사의 현재 전사 정보시스템 구성도이다.

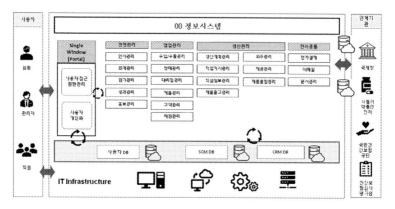

[그림 46] 전사 응용시스템 구성도(현재)

특정 단위업무에 대한 ISP가 아니고 전사를 대상으로 하는 ISP라면 전사업무에 대한 정보시스템의 지원여부를 파악할 수 있는 대비표가 필요하다.

인사관리와 같이 특정 단위업무가 ISP 대상이라면 더 낮은 수준의 업무대비 정보시스템의 지원여부를 파악해야 한다.

〈표 13〉 업무대비 정보시스템 지원 대비 표

구분	인사관리 시스템	회계관리 시스템	원가관리 시스템	영업관리 시스템	생산관리 시스템	비고
인사 관리	●	●	●	●	●	
회계 관리	●	●	●	●		
원가 관리	●	●	●			
기획 관리						

정보전략계획 ISP 수립 실무

영업 관리	●	●		●		
생산 관리	●	●			●	
재고 관리		●				
품질 관리					▲	
물류 관리				▲		
설비 관리					▲	

　업무대비 정보시스템 지원 대비표를 작성하면 전사적으로 어느 정도로 정보시스템의 지원이 되고 있는지 파악할 수 있으며, 업무와 정보시스템을 표현하는 기준은 컨설턴트가 정한다.

　〈표 13〉 업무대비 정보시스템 지원 대비 표를 보면 이 회사는 회계업무가 대해서 생산정보시스템의 연계가 부족한 것으로 보이며 특히 품질, 물류, 설비업무가 정보시스템의 지원 혹은 연계가 필요할 것으로 판단된다. 기획업무는 정보시스템의 지원을 전혀 받지 못하고 있는데 통상적으로 비 정형적인 업무는 대부분 정보시스템의 의존도가 낮은 편이다.

　전사적으로 정보시스템의 의존도를 방사형 그래프로 표현을 하면 [그림 47]와 같다.

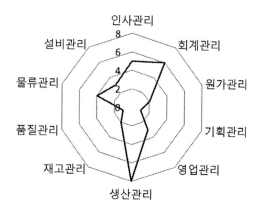

[그림 47] 업무의 정보시스템 의존도

　[그림 47] 업무의 정보시스템 의존도를 보면 단순하게 표현했지만 업무 전체에 IT지원이 고르지 못하고 인사관리 업무의 정보시스템 의존도가 가장 높은 것임을 알 수 있다.

　정보시스템 의존도는 업무뿐만 아니라 조직의 계층별로도 분석이 필요하다. 이것은 그 조직에서 활용하고 있는 정보시스템이 어느 계층까지 활용을 하고 있는지를 분석해서 고르게 활용이 가능하도록 하는 것이다.

　정보화 초기에는 실무자를 위한 정보시스템의 개발과 활용이 대세를 이루지만, 차츰 갈수록 의사결정권자까지 임원급을 위한 정보시스템을 지원하게 된다. RPA[32]가 실무자를 위한 시스템이

---

32)　RPA(Robotic Process Automation) 비즈니스 규칙 기반의 반복적 프로세스를 지원하는
　　자동화 솔루션

라면 BI가 고급관리자를 위한 대표적인 시스템이다.

전사 정보시스템 분석은 각 직급별 정보시스템 활용표로 표현을 할 수 있다. 이를 위한 기초자료는 기존에 프로그램에서 미리 준비된 사용실적 기능에서 제공되는 실적 데이터를 활용할 수도 있고, Web Log를 활용할 수도 있다.

Web Log 분석 Tool은 시중에 Open Source와 상용제품이 많이 출시되어 있으므로 이를 활용할 수 있다. 이 두 가지가 모두 없다면 부득이 사용자 설문 혹은 인터뷰를 통해서 파악을 해야 한다.

〈표 14〉 임직원의 정보시스템 활용분석 표

구분	CEO	임원	팀장	직원	비고
전자결재시스템	●	●	●	●	
인사관리시스템	△	△	●	●	CEO, 임원은 직원 인사기록 카드만 조회
회계관리시스템	△	△	●	●	CEO, 임원은 결산서만 조회
원가관리시스템			●	●	
영업관리시스템		△	●	●	임원은 영업실적만 조회
생산관리시스템		△	●	●	임원은 생산실적만 조회
재고관리시스템			●	●	

앞에 〈표 14〉 임직원의 정보시스템 활용분석 표와 같이 조사된 임직원의 정보시스템 활용 표를 보면 대부분 팀장급 이하 실무자선 까지만 정보시스템이 지원되고 있음을 알 수 있다.

임원급 이상에 대한 정보시스템 지원은 갈수록 중요해지고 있으므로 고객의 특별한 요구사항이 없어도 시사점을 통해서 권고하는 것이 좋다.

정보시스템의 성공요소로 경영진의 적극적인 지지를 우선순위로 꼽으면서 정작 그들을 위한 시스템이 없는 것은 정보시스템 후원자에 대한 배려가 미약하다고 할 수 있다.

〈표 14〉와 같이 직급별로 활용 수준을 분석하는 경우도 있지만, 각 업무에 제공되는 정보시스템에 대한 수준 분석도 필요하다.

[그림 48] 업무별로 제공되는 시스템의 지원 수준 분석도는 업무별로 제공되는 시스템의 지원 수준을 분석한 도표이다. 시스템의 지원정도를 평가하는 기준은 각 시스템의 기능을 분석/통계, 관리통제, 실무지원으로 구분을 하고 이에 대한 만족도조사와 사용실적을 조사해서 평균을 산출한 것이다.

만족도 조사결과는 정성적인 질문을 다시 정량적으로 환산을 하고 이를 입증할 수 있는 시스템 사용실적을 대입하는 것이다.

'측정할 수 없으면 관리할 수 없고, 관리할 수 없으면 개선할 수 없다.'라고 미국의 경영학자 피터 드러커[33]는 계량적 관리의 중요성을 강조하였다.

---

33) 피터 퍼디낸드 드러커(Peter Ferdinand Drucker, 1909년 11월 19일~2005년 11월 11일) 미국의 경영학자

정보전략계획 ISP 수립 실무

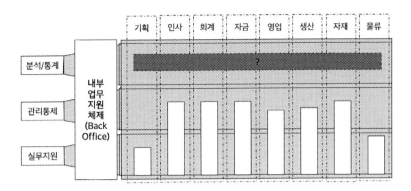

[그림 48] 업무별로 제공되는 시스템의 지원 수준 분석도

- 분석/통계: 제공되는 정보시스템에서 분석과 통계기능을 제공하고 있는지 여부(예: BI)
- 관리통제: 제공되는 정보시스템에서 업무수행조건에 따라서 기준정보가 제공되고 있는지 여부(예: 적정재고, 입력하는 데이터에 대한 기준치)
- 실무지원: 실무자의 업무처리를 위한 기능이 제공되고 있는지 여부(예: 전표처리)

[그림 48] 업무별로 제공되는 시스템의 지원 수준 분석도에 따르면 기획업무와 물류업무는 실무자급에 지원이 약하고 모든 업무가 관리통제 기능이 약하며 분석/통계는 전혀 지원을 하지 못하고 있다.

〈표 14〉 임직원의 정보시스템 활용분석 표와 [그림 48] 업무별로 제공되는 시스템의 지원 수준 분석도를 종합해 보면 이 회사는 실무지원을 위한 정보시스템 기능은 일부 업무를 제외하고 비교적 충분하게 제공되고 있는데 반해서 의사결정을 위한 분

석/통계 기능은 매우 부족한 것으로 판단할 수 있다.

이것은 전사 시스템에 대한 조사결과이지만 부분업무에 대해서도 동일한 방법으로 조사와 분석을 할 수 있다.

■ 업무정보화 현황 분석

업무 정보화는 ISP 대상업무가 정보시스템의 지원이 충분한가에 대하여 조사와 분석을 하는 것이다.

조사대상은 주로 앞서 조사를 한 프로세스에 대하여 활동별로 그 업무를 지원하는 정보시스템의 지원이 충분한지를 분석한다. 활동기술서에 해당 활동의 정보시스템을 표기하는 이유가 그것이다.

그 활동에 지원하는 정보시스템이 없거나 부족한지 여부를 파악하고 정보시스템 지원의 필요성을 분석한다. 모든 활동이 정보시스템의 지원을 필요로 하는 것은 아니기 때문이다.

불필요 할 정도로 정보시스템으로 하여금 업무를 진행하도록 하면 이중입력의 낭비가 생기거나 무결성이 훼손되어서 신뢰도가 떨어지는 경우까지 발생을 할 수 있기 때문에 우선은 해당 활동에 정보시스템 기능의 필요성부터 따져봐야 한다.

예를 들어서 설비관리 시스템에서 사용하는 작업일보의 입력 과정에서 작업자 인적 사항을 별도로 관리하는 경우가 있다.

주로 기존 시스템과 다른 패키지형태의 솔루션을 사용하는 경우에 발생을 하는데 이런 경우를 문제점으로 발췌를 해야 한다.

프로젝트 자원의 여유가 있는 경우에는 해당업무에 대한 정보

화 준비도 평가를 할 수도 있다. 활동수준의 정보화 준비도 평가
요소는 소규모이므로 주로 표준화 여부, 타 활동과의 연관성, 사
용자의 요구 정도, 활동에 참여하는 직원의 규모 정도이고 평가
방법은 상, 중, 하로 간단하게 표기를 한다.

이러한 분석결과에 대해서 문제점 및 개선방향을 간략하게 정
리를 한다.

■ 각 응용시스템별 구성 분석

응용시스템별 구성분석은 업무현황 분석단계에서 분석한 내
용에 대하여 활동 혹은 작업단위로 정보시스템의 지원상태를 분
석하는 것이다.

응용시스템은 주로 업무 프로세스에 대한 지원 관점으로 분석
을 한다. 특별한 경우를 제외하고 대부분의 정보시스템은 조직
의 업무를 지원하는 것이 그 목적이기 때문이다.

이것은 전사 응용시스템 분석표와 같은 형태로 작성을 한다.

〈표 15〉 업무활동 기반의 응용시스템 구성 분석표

활동명	문제점	개선방향
인력 충원 요청서 작성 및 제출		
검토 및 채용계획 (안) 수립	인력충원을 요청한 부서의 과거 인력 이력정 보를 문서로 관리하고 있어서 참조에 어려움 이 있음	인사이력 정보 이력관리 정보화
결재		
심의		

활동명	문제점	개선방향
채용공고	동일한 내용을 홈페이지, 채용사이트 각각의 외부 시스템에 입력을 하여야 함	
응시원서 제출	응시원서에 일관성이 없이 입력이 되고 있음 (학교명, 회사명)	표준 코드 활용이 필요함
응시원서 출력 및 제출	심사위원들에게 종이문서로 출력하여 제출	인사채용 심사관리 정보화
서류전형	심사이력관리를 종이문서로 관리하고 있어서 과거 이력관리가 안됨	인사채용 정보 이력관리 정보화
서류전형 결과보고	전자결재를 위하여 서류전형 결과 종이문서의 내용을 다시 전자문서로 재편집함	인사채용 심사관리 정보화

앞서 업무흐름 분석에서 나타난 프로세스에 대해서 각 활동별로 문제점을 파악하고 이에 대한 개선 방향을 기록한다.

문제점 파악은 가능한 정보기술 측면에서만 기록을 하며 필요한 경우 해당 활동에 대한 개선(변경, 삭제)을 제안할 수 있다.

예를 들어서 앞에 〈표 15〉 업무활동 기반의 응용시스템 구성 분석 표와 같이 채용관련 업무 중에 일부는 정보화로 인하여 없어질 수 있는 활동들도 있다. 응시원서 출력 및 제출이 그것이다. 이 회사는 수시로 인력을 채용하고 있고 응시율이 높아서 담당부서는 그 일도 상당한 부담이 되고 있었다.

이렇게 활동별로 분석을 하는 것이 상당한 시간과 노력이 필요하고 다소 지엽적으로 보일 수도 있지만 결국 이러한 조사와 분석을 하는 것이 현황 분석이므로 간과할 수는 없다.

문제는 업무흐름 분석과정에서 면담 혹은 설문조사를 하면서 입수할 수 있는 정보들이다. 면담 대상자가 평소에 자신이 사용하는 응용시스템에 대한 개선요구나 새로운 기능을 요구할 수도 있고 컨설턴트의 판단에 따라서 문제점 파악과 개선방향을 제시할 수도 있는 것이다.

때로는 응용시스템의 현황 분석을 하면서 상기와 같은 과정을 거치면서도 보고서에 표현은 간략하게 기능도와 기능설명 정도만 기술을 하고 종합시사점 및 개선방향으로 그치는 경우가 있다.

두 가지 경우 드는 시간은 큰 차이가 없다. 결국 보고서에 표현하는 방법의 문제일 뿐인데 보고서 작성에 소요되는 시간이 많다는 이유 때문에 이를 간과하는 것이다.

컨설턴트의 경험적 지식에만 의존을 해서 거두절미하고 이러저러한 개선이 필요하다는 내용을 비약적으로 기술하면 충분한 설명을 듣지 못한 고객은 이해하기도 어려울 뿐만 아니라 왜 그런 기능이 필요하냐고 반문을 하면 답변이 궁색 해 지기까지 한다.

더욱이 프로젝트가 끝나고 한참 뒤에 고객이 보고서를 읽을 때는 잘 이해가 안 되어 신뢰감 마저도 잃게 되는 문제가 생길 수도 있다.

컨설턴트는 처음 프로젝트가 시작할 때 조사와 분석을 수행하는데 사실 몇 가지를 제외하고 현재의 문제점과 개선 요구사항은 시작한지 며칠 안된 컨설턴트보다 그 업무를 수년째 하고 있는 고객이 더 잘 안다. 어떤 면에서는 컨설턴트가 하는 조사와 분석 행위 자체가 고객의 입장에서는 시간낭비라고 생각 할 수도 있다.

가끔은 현황자료는 다 줄 테니까 시간을 절약하고 미래모형 발굴에 집중해달라는 요구를 고객으로부터 받을 때도 있다. 하지만 컨설팅이란 고객의 경험과 지식을 체계적으로 정리를 해주고 이를 바탕으로 논리적으로 개선 방향과 미래모형을 제시하는 것이다.

이것은 절름발이를 업고 가는 장님의 모습과도 같다고 할 수 있어서 서로가 부족한 점을 보완하는 협력관계라는 뜻이다.

그래서 다소 시간이 걸리더라도 프로세스 분석에서 도출된 2수준 이하의 활동 단위로 구체적인 문제점을 파악하고 개선방향을 모색하는 것이다. 현재 응용시스템의 기능도와 설명만 무의미하게 하고 맨 나중에 모아서 문제점 및 개선방향을 제시하는 것은 가능한 지양해야 한다는 뜻이다.

현재 운영 중인 응용시스템의 분석이 끝나면 문제점과 개선방향을 정리한다.

데이터 베이스 분석

데이터 베이스는 기능 못지 않게 매우 중요한 분석 대상이다. 데이터 베이스에 대한 분석을 제대로 하면 업무 프로세스가 보인다고 할 수 있다.

ERD(Entity Relationship Diagram)에 Key 구조와 관계가 잘 정리되어 있다면 말이다.

게다가 응용시스템의 기능은 환경과 사용자 요구의 변화에 따라서 자주 바뀌는데 비해서 한번 수집된 데이터는 영원히 바뀌지 않기 때문에 세밀한 관찰이 필요하다.

데이터 베이스 분석을 할 때 가능한 전사 ERD를 확보하여 참조를 하는 것이 필요한데 이것이 없다면 컨설턴트가 개략적으로라도 개념적 ERD를 작성하는 것이 좋다. 목표 모델 수립 시에 참조를 해야 하기 때문이다.

이것은 ISP 대상 업무가 전사가 아니고 인사관리 등 부분적이라면 인사관리와 관계가 있는 모든 업무를 대상으로 조사를 해야 한다는 뜻 이기도 하다. ISP는 부분 최적화가 아니고 전사 최적화를 지양하기 때문이다.

개발 현장에서는 DB의 논리, 물리 모델을 사용하지만 ISP에서는 그렇게까지 할 수는 없고 ISP 대상 DB가 어떻게 구성되어 있으며 상호 관계성은 어떤 지를 전반적으로 살피는 것이다.

[그림 49]의 개념 ERD사례는 현재 운영 중인 인사시스템 중에서 인사채용에 관한 현재의 DB구조를 표현한 것으로서 응모자를 중심으로 채용공고와 합격자에 한해서 발령 그리고 심사와 발령 받는 부서에 대한 Entity를 표현한 것이다.

이중에 응용시스템 분석에서 나타난 응시원서에 학교명, 회사명이 일관성이 없이 입력이 되고 있는 문제가 DB에서도 나타나고 있다.

이 현상은 학교, 회사를 관리하는 데이터 군(Entity)이 없고 응모자가 입력하는 그대로 저장하고 있다는 뜻이다.

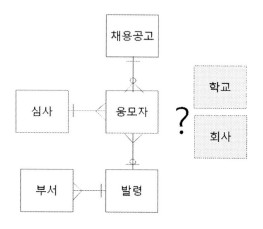

[그림 49] 개념 ERD 사례1

[그림 50]의 개념 ERD는 현재 운영 중인 구매관리시스템에 대한 데이터 구조를 표현한 것이다.

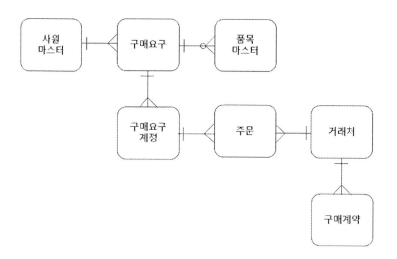

[그림 50] 개념 ERD 사례2

앞서 분석을 했던 업무 관계도에서 나타난 각 업무대비 개념 ERD에 나타난 데이터 구성은 비교적 간단하거나 적게 조사가 된 이유는 그만큼 정보화가 충분치 못하다는 뜻이기도 하다. 예를 들어서 인력요청에 관한 사항이 데이터로 관리되지 않고 있음을 알 수 있다.

ERD를 그리는데 도움을 주는 CASE Tool은 많이 있지만 ISP에서는 특별한 경우를 제외하고는 굳이 사용을 할 필요는 없다. 그것들은 개발에서는 유용하게 사용되지만 ISP에서는 데이터 집합들의 식별과 이들 간에 관계만 표현하면 되며 향후에 개발 과정에서 참조가 용이할 정도만 표현하면 된다.

데이터 베이스는 다음과 같은 관점으로 분석을 한다.

- 업무 프로세스의 지원성
- 무결성
- 표준화

데이터 현황 분석과정에서 참조할 자료가 없어서 분석을 할 수 없는 경우가 있다. 이때는 부득이 현재 운영중인 DB에 접속을 해서 테이블 정보를 참조해서 직접 그릴 수밖에 없는데 시간이 많이 걸리기 때문에 현행 프로세스 분석을 할 때 파악된 관리 항목을 중심으로 그릴 수밖에 없다.

하지만 그조차도 시간이 부족하다면 부득이 미래모델 수립을 할 때 작성을 할 수밖에 없지만 현황 분석에서 최대한 노력을 해야만 한다.

■ 업무 프로세스 지원성

데이터 베이스 분석도 응용시스템 분석표와 같은 형태로 작성을 한다. 데이터 역시 업무에 의존적이라는 뜻이다.

〈표 16〉 업무 활동 기반의 데이터 베이스 분석 표

활동 명	문제점	개선방향
인력 충원 요청서 작성 및 제출		
검토 및 채용계획(안) 수립		
결재		
심의		
채용공고		
응시원서 제출	응시원서를 제출한 응모자들의 전체 이력관리를 위한 데이터가 없음(합격자만 관리)	전체 응모자 관리를 위한 데이터 수집체계 마련(응모 분야, 응모번호, 성명, 생년월일, 학력, 경력 등)
응시원서 출력 및 제출		
서류전형	채용 심사위원들의 인적사항과 심사이력관리를 위한 메타데이터가 없음(종이문서 관리) 불합격자에 대한 이력관리가 필요함	심사위원 POOL DB가 필요함(성명, 전형분야, 전형일자, 경력, 소속 등)
서류전형 결과보고		

각 활동별로 필요로 하는 데이터의 충분성 여부를 검토하는데 기본적으로는 활동에 필요한 서식, 보고서 등에 있는 성명, 날짜 등 관리항목이 충분하게 현재 응용시스템에서 데이터로 관리되

고 있는지?

또는 응용시스템으로 구현되지 않은 활동의 경우에는 현재 사용중인 서식에 정보화를 위해서 필요로 하는 관리항목을 추가하여 개선방향으로 제안을 할 수 있다.

관리항목이란 업무를 수행하면서 필요로 하는 항목들이다. 날짜, 성명, 제목, 품목 등을 의미한다. 이러한 것들 모두가 메타데이터이고 프로세스는 이러한 데이터들 간에 움직임이라고 할 수 있다.

따라서 각 업무 프로세스 내에 활동을 지원하거나 통제를 하는 관리항목들의 조사와 분석은 필수적으로 필요하다.

▓ 무결성

오래된 조직 일수록 필연적으로 정보시스템의 변화가 생기게 마련이며 이러한 것은 특히 데이터에 많은 영향을 주고 있다.

조직의 정보화 초기부터 전사적으로 체계적인 정보시스템 설계를 하고 개발을 하는 경우가 아니라면 대부분의 경우에는 각 업무 분야별로 정보시스템을 개발하고 운영을 하게 된다.

인사, 회계, 영업, 생산업무 별로 필요에 따라서 각각의 업무를 지원하는 정보시스템을 개발하게 되고 이 결과 서로 간에 공통으로 사용할 데이터가 어긋나는 경우가 생기게 마련이다.

예를 들어서 고객의 주소에 대해서 살펴보면 구매와 영업에 거래처 데이터가 회계의 그것과 다른 경우를 흔하게 본다.

영업은 영업대로 판매와 수금을 위한 거래처의 주소를 관리하고 구매는 구매대금 지급을 위한 거래처의 데이터를 관리하며 회계는 청구와 지급을 위한 거래처의 데이터를 관리한다.

처음에는 동일한 주소를 사용하지만 고객의 주소가 변경됨을 영업이 먼저 알았을 때 즉시 관련 업무에 통보를 해 주지 않으면 이때부터 서로 다른 주소를 사용하게 되는 것이다. 특히 지사가 많은 고객일수록 더 많은 혼란을 초래하게 된다.

전 분야에 정보시스템이 2차 도약기를 맞이하던 2000년 후반부터 이러한 문제점을 해결하고자 차세대 정보시스템 구축이라는 용어가 유행하기도 했다.

이것의 초점은 데이터의 일원화였다. 각 업무 간에 관리 중인 서로 다른 고객데이터로 인하여 생기는 문제점이 날이 갈수록 심각해짐에 따라서 이를 해결하기 위하여 대규모로 전사적인 프로젝트를 진행한 것이다.

금융, 유통, 제조업 등 전 산업과 공공기관이 모두 동일하게 겪는 문제였고 이 문제를 해결하기 위하여 많은 비용을 투입해야만 했다.

종이문서로만 관리하던 시절에는 무엇이 문제인지 무엇이 경영에 영향을 미치는지 몰랐지만 정보화가 진행될수록 그 문제의 원인을 알게 되었던 것이다. 그리고 그들은 경쟁에 앞서기 위해서 투자를 아끼지 않은 것이다.

나는 온라인 쇼핑몰에서 구입한 물건에 대해서 2가지 황당한 경우를 당했다.

첫째는 사은품으로 헤어 드라이기를 받았는데 1주일 뒤에 또 왔다. 판매자에게 전화를 했더니 사은품이기 때문에 그냥 쓰라는 답변을 받았다. 그런데 그 이후에 1주일 간격으로 3개가 더 왔다.

또 다른 경우는 제습기였다. 꽤 비싸고 작은 냉장고만큼 큰 제품이었는데 작동에 이상이 생겨서 반품을 요청했더니 1대가 다시 왔고 반품을 하려고 문밖에 놔두었는데 2달이 지나도록 회수를 하지 않았다.

전화를 했는데 곧 회수를 하겠다고 하고는 5년이 지난 아직까지도 가져가지 않고 있다. 여러 가지 사유가 있겠지만 이런 두 가지 경우가 바로 입출고와 재고, 물류에 대한 데이터의 무결성이 훼손된 사례라고 할 수 있다.

내가 모 은행에 계좌를 모두 해지하고 그 은행 인터넷 사이트에 회원탈퇴를 하고 더 이상 알림을 받지 않겠다고 했다. 그럼에도 불구하고 끊임없이 알림이 오고 있다. 물론 광고이기 때문에 이해는 되지만 오히려 반감만 생긴다.

이런 경우 고의적이 아니라면 역시 회원관리를 위한 DB와 영업을 위한 DB간에 무결성이 훼손된 사례이다. 개인정보보호법도 위반한 것이라고 할 수 있다.

ISP에서는 이러한 문제가 발생하거나 증폭 혹은 전이되지 않도록 해야 한다. 그러기 위해서는 우선 현재 운영 중인 데이터베이스의 구성상태를 점검해야 한다.

점검대상은 ERD, DB Table 등 데이터베이스 설계서이고 Table간에 중복성이나 연관성을 검토한다. 예를 들어서 거래처 사업자 등록 번호, 주소 등이다.

그런데 이러한 데이터베이스 설계서가 없는 경우가 많기 때문에 부득이 현재 운영 중인 DB에 직접 접근해서 테이블의 내용을 검색해야만 할 때가 자주 있다.

DB 검토는 무결성뿐만 아니라 저장된 데이터 자체가 컬럼 속성과 다른 경우도 조사를 해야 한다. 예를 들어서 숫자로 정의된 컬럼에 문자가 있거나 거래처 주소가 있어야 할 곳에 숫자로 채워진 경우도 있다.

이러한 DB 검토는 가능한 전체 DB Table을 대상으로 조사를 하는 것이 좋지만 많은 시간을 필요로 하기 때문에 전문 tool을 사용하기도 한다.

하지만 ISP는 DB Tuning이나 DB 품질 검토를 하는 것은 아니기 때문에 몇 가지 대표적인 사례가 발견되면 이들 문제점을 바탕으로 향후 개선 방향을 제시하고 궁극적으로는 미래모형에 향후에 해야 할 일로 정의하면 된다.

DB Tuning 혹은 DB 정제(Cleaninging)작업이 그것이다. 이것들은 개발자와 DB전문가의 몫이다.

■ 표준화

데이터베이스에 가장 하부를 구성하고 있는 것은 메타데이터, 즉 RDB에서 컬럼을 의미한다. 그런데 이 컬럼 명칭의 일관성이 없음으로 해서 여러 가지 문제가 발생하고 있다.

업무현황 분석을 할 때 업무에서 사용하는 용어의 표준화여부를 검토하는 것과 동일하게 DB에서도 메타데이터에 대한 동음이의어와 이음동의어가 존재하는지 검토를 해야 한다.

검토의 대상은 이것 역시 DB Table 등 데이터베이스 설계서인데 이것이 없는 경우에는 부득이 현재 운영 중인 DB에 직접 접근해서 테이블에 정의된 Column명칭을 검색해야 한다. 예를 들어서 사용자 이름을 USER_NM 혹은 NAME으로 표기하는 경우이다.

이런 경우에는 사용자가 몇 명인지 집계를 할 때 어떤 컬럼을 기준으로 계수를 하는가에 따라서 서로 다른 숫자가 나올 수 있다. 이러한 경우는 한글명칭도 마찬가지이다.

다음 [그림 51] 코드 표준화가 필요한 사례는 이러한 문제점들이 나타난 사례이다.

단위시스템명	테이블 ID	테이블 명	컬럼 ID	컬럼 명	
경영정보시스템	IP_ADJ_GIBU_JOJUNG	연말정산 가부금 조정 관리	USR_CMPNY	회사ID	코드체계 상이
자료관리시스템	ADMUSER	사용자 관리	company	회사ID	
경영정보시스템	USR_MST	사용자 관리	USR_PWD	비밀번호	공통코드 관리 미흡
성과관리시스템	CPM_USER	사용자	PASSWORD	암호	
자료관리시스템	ADMUSER	사용자 관리	passwd	비번	
경영정보시스템	IP_ADJ_YUNGUM	연말정산 연금 관리	ADJ_SEQ	순번	컬럼속성 간 정의 비표준화
경영정보시스템	IP_BOJOONG	인사 보충사항 관리	BJSEQ	순번	
경영정보시스템	IP_FAMILY	인사 가족사항 관리	SEQNO	순번	
경영정보시스템	IP_HUGAYY_DUSE_APPLY_DET	대체휴가 전자결재 신청관리 서브	ISEQ	순번	
자료관리시스템	ADMUSER	사용자 관리	no	순번	
자료관리시스템	CD_PLAYLIST_R	PLAYLIST 관리	pidx	순번	
자료관리시스템	CDR_JASAN_RPT	움번 실사 관리	inю	순번	

[그림 51] 코드 표준화가 필요한 사례

데이터베이스 표준화 역시 ISP에서는 문제점 파악을 위한 일부 사례를 추출하고 향후 개선 방향을 제시한다. ISP 대상 데이터베이스의 표준화에 문제가 있는 경우에는 표준화 대상, 절차, 방법 등을 제안한다.

데이터베이스 표준화 관리를 위한 전문소프트웨어가 시중에 많이 있으므로 이들에 대한 검토를 하는 것도 필요하다. DQM (Data Quality Management)이 바로 그것이다.

참고로 정부에서는 공공데이터의 신뢰도 향상을 위해서 관련 법(공공데이터의 제공 및 이용활성화에 관한 법률, 2013년, 행정안전부)을 제정해서 시행 중에 있다. 그 법에 따르면 데이터베이스 품질을 중요시하고 있고 최근에는 각 공공기관의 수준평가를 하고 그 결과를 경영평가에 반영을 하고 있다.

정보시스템 기반 분석

정보시스템 기반분석은 소프트웨어 이외 것으로서 아래의 영역에 대한 조사와 분석을 한다.

- 서버
- 네트워크
- 상용 소프트웨어
- 개인용 컴퓨터

■ 서버

서버는 주로 운영시스템, 저장장치, 백업정책, 이중화, 가동상태, 도입시기, 유지보수 방식 등에 대하여 조사와 분석을 한다.

개략적으로 서버구성도를 작성하고 전체 구성상태를 파악한다.

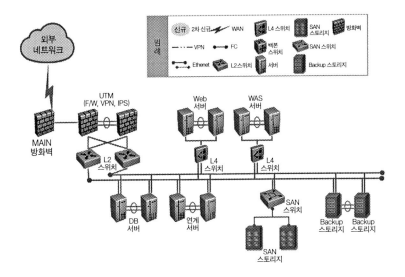

[그림 52] 서버 구성 현황도

조사항목은 서버의 CPU, Memory, 제조사, 모델명, 수량, 도입
연도, 유지보수 계약 유지, 보험가입 등 구성요소와 관리요소들
에 대한 것들이다.

〈표 17〉 서버 조사표

구분	서버명	제조사	모델명	수량	CPU	Memory	Disk 용량	도입 연도	유지보수	보험가입
1	메일 서버	HP	DL 380 G7	1	2.0Ghz ×12	12GB	300GB ×2	2012. 11	Y	Y

2	통계 서버	HP	DL 380 G7	1	2.0Ghz ×12	12GB	300GB ×2	2012. 11	N	N
3	전자 결재 서버	Dell	R 720	1	2.0Ghz ×24	12GB	300GB ×2	2012. 11	N	N
4	DB 서버	Dell	R 720	1	2.0Ghz ×24	12GB	300GB ×2	2012. 11	Y	Y
5	응용 시스템 서버	Dell	R 720	1	2.0Ghz ×24	12GB	300GB ×2	2012. 11	N	N

이렇게 서버에 대한 재물조사 결과는 내구연한이 지난 서버, 유지보수 계약 유지, 보험가입, 보증기간 등에 대해서 검토를 하고 각 서버의 중요도에 따라서 대응되는 권고를 한다.

서버 등 정보화 자산에 대한 조사는 보안부문에서도 필요하며 만일 보안 업무에 이 자료가 있다면 요청을 해서 활용하는 것이 바람직하다.

서버는 가장 중요한 것이 바로 가용성과 부하량이다. 가용성(Availability)이란 서버가 정상적으로 사용 가능한 정도를 말한다. 가동률과 비슷한 의미이고 부하량은 사용량을 의미한다.

가용성은 서버운영 기록을 조사하여 최근 2~3년간 가동실적을 분석하여 현재 서버에 대한 상태를 판단하고 교체 혹은 증설 여부를 제안한다. 부하량은 성능과도 관계가 있다. 성능 그 자체는 서버의 규격에 따르지만 부하가 걸리는 정도에 따라서 성능이 변화하므로 이를 분석해야 한다.

<표 18> 서버 부하량 조사표

서버명	자원	2020									2021									
		03	04	05	06	07	08	09	11	12	01	02	03	04	05	06	07	08	09	10
메일서버	CPU	1%	1%	1%	1%	2%	1%	1%	1%	4%	7%	1%	1%	-	1%	2%	2%	1%	1%	3%
	MEM	54%	77%	75%	48%	73%	53%	58%	61%	62%	66%	70%	63%	-	67%	66%	70%	62%	61%	57%
통계서버	CPU	1%	2%	1%	1%	1%	1%	2%	2%	16%	1%	2%	1%	-	1%	1%	2%	2%	2%	2%
	MEM	44%	51%	55%	43%	48%	59%	61%	59%	61%	70%	71%	68%	-	66%	63%	70%	64%	62%	60%
전자결재서버	CPU	48%	50%	1%	50%	82%	66%	53%	60%	54%	62%	50%	52%	-	51%	52%	50%	52%	51%	52%
	MEM	71%	60%	61%	43%	46%	44%	38%	46%	100%	100%	95%	88%	-	85%	74%	80%	88%	89%	89%
DB서버	CPU	1%	1%	1%	1%	5%	5%	7%	9%	3%	2%	4%	1%	-	1%	1%	1%	1%	3%	1%
	MEM	85%	81%	84%	21%	21%	21%	21%	21%	82%	82%	94%	88%	-	-	26%	8%	51%	89%	51%
응용서버	CPU	3%	1%	3%	1%	6%	2%	4%	4%	8%	6%	2%	4%	-	3%	3%	2%	6%	5%	3%
	MEM	22%	21%	23%	23%	24%	25%	22%	22%	23%	24%	23%	23%	-	21%	22%	20%	22%	21%	21%

서버의 가용성과 부하량 조사를 위해서 고객이 평소에 가동현황과 모니터링 결과를 주기적으로 관리를 하고 있으면 좋겠지만, 그렇지 못한 경우에 가용성은 인터뷰 등 고객의 기억에 의존할 수밖에 없고 부하량은 OS 등에서 제공하는 최근 누적치를 추

출한다.

　통상적으로 시스템 사용실적은 제조사에 따라 다르고 설정하기에 따라서 다르지만 3개월 정도 보존을 하고 계속 같은 파일에 갱신을 하는데 저장공간이 허용하는 한 1년치를 보존하는 것이 유용하다. 그렇게 설정되어 있지 않은 경우에는 개선권고를 한다.

　서버의 부하량은 제조사의 권고치를 참조하여야 하지만 통상적으로는 70%가 넘지 않도록 권고하고 있다. 이는 저장공간(디스크)의 경우에도 동일하다. 이 수치를 넘는 서버의 경우에는 추가 증설 혹은 여유가 있는 타서버로 이전할 것을 권고한다.

　요즘은 클라우드 시스템 이용이 점차 증가하고 있는 추세이기 때문에 이러한 실적치를 수집하는 수고가 그렇지 않은 상황(온프로미스)에 비해서 수월한 편이다.

　분석이 끝나면 가용성과 부하량에 문제점을 정리하고 그에 대한 개선방향을 제시한다.

▓ 네트워크

　네트워크 분야는 서버와 동일하게 네트워크 장비에 대한 자산관리 대장을 참조하여 네트워크 장비의 CPU, Memory, 제조사, 모델명, 수량, 도입연도, 유지보수 계약 유지, 보험가입, 보증기간 등 구성요소와 관리요소 들에 대한 조사를 한다.

　이때 방화벽과 같은 보안장비는 보안분야 분석과정에서 별도로 다룰 수 있다. 점차적으로 네트워크 보안뿐만 아니라 서버 보안에 관한 장비도 증가추세에 있기 때문이고 보안관점에서 종합적인 분석이 용이하기 때문이다.

하지만 네트워크 구성도에는 포함시키는 것이 좋다. 네트워크는 도로망과 같은 것이기 때문에 네트워크 선상에 있는 모든 객체들을 표현해야 한다는 뜻이다.

조사가 끝나면 가용성과 부하량에 대한 조사를 한다. 네트워크 장비는 단위사간당 패킷의 처리량(Throughput)이 중요하다. 그래서 백본 스위치(Backbone Switch)와 L2/L3 스위치에 대한 부하량 조사가 필요하다. 필요에 따라서는 종단간에 처리량을 분석하고 네트워크의 부하분산 권고를 해야 할 때도 있다.

장비 증설 없이 네트워크 부하분산만 잘 해도 속도가 향상될 수 있는 것이다. 초기에 네트워크 설치를 잘 했어도 네트워크는 여러 가지 요인으로 자주 변경이 되기 때문에 이에 대한 조사와 분석이 필요한 것이다.

예를 들어서 Backbone 네트워크는 변동이 없지만 조직의 이동에 따라서 Subnetwork, Hub 등의 변화가 생기게 마련인데 이때 처리량(Throughput)을 고려하지 않고 네트워크 구성을 변경하게 되면 네트워크에 병목현상이 생기게 된다.

점차로 장비들의 기능이 좋아져서 자동으로 부하분산을 시켜주지만 특정 Port에 부하가 집중해서 걸리면 서버의 성능과 무관하게 최종사용자(Last Mile)가 느끼는 응답속도가 저하될 수가 있다.

네트워크 장비는 CPU가 가장 중요하지만 때로는 Memory가 더 중요할 때도 있다. 인터넷의 사용이 점점 많아지고 복잡해짐에 따라서 경로(Routing)를 저장해야 하는 정보가 기하급수적으로 증가하고 있기 때문이다.

빠른 경로를 제공하기 위해서 네트워크 장비들은 이러한 경로를 Memory에 저장해 두기 때문에 이에 대한 충분한 용량이 필요하다.

만일 네트워크 구성에 이상이 없는데 간혹 느려진다면(특히 아침 출근 후 1시간 정도) Memory 사용량을 조사할 필요가 있다.

단위 시간당 처리량(Throughput)이나 메모리 사용량은 네트워크 장비에서도 제공을 하지만 네트워크 구성의 복잡도에 비하여 충분치 못한 경우에는 네트워크 모니터링 tool 도입을 제안할 수 있다.

분석이 끝나면 가용성과 부하량에 문제점을 정리하고 개선방향을 제시한다.

■ 상용 소프트웨어

상용소프트웨어는 WAS, DBMS, Web Application Server, ESB 등을 의미하며 주로 패키지형태의 소프트웨어가 분석의 대상이다.

이것들은 서버와 동일하게 자산관리 대장을 참조하여 소프트웨어 별로 제조사, 명칭, 형상(Version), 수량, 도입연도, 유지보수 계약 유지, 보증기간 등 구성요소와 관리요소 들에 대한 조사를 한다.

특히 상용소프트웨어는 형상(Version)관리가 중요하므로 이에 대한 관리의 충분성을 검토한다. 최신버전을 유지하고 있는지?

관련 패치(Patch)를 수시로 제공받아서 Bug나 기능향상에 대응을 하고 있는지 등이다.

간혹 유지보수 계약을 유지하지 않아서 난감한 문제가 생기는 경우가 있는데 시스템의 중추적인 역할을 하는 소프트웨어들은 보증기간이 만료되면 반드시 유지보수계약을 체결하고 운영을 해야 한다. 도입 및 유지보수 비용의 절감 차원에서 공개 소프트웨어를 사용하는 경우에는 아래사항을 고려해야 한다.

- 현재 정보시스템 직원의 유지보수 능력
- 기능개선이 필요한 경우 대비책
- Bug 등 문제 발생시 대비책

공개소프트웨어가 비용측면에서 여러 가지 장점이 있지만 WAS에서 가장 많이 사용하고 있는 Red Hat등과 같은 공개 소프트웨어는 가능한 핵심업무에는 적용하지 않을 것을 권고하는 것이 좋다. 위의 고려사항에 대해서 부정적이라면 말이다.

상용소프트웨어의 가동상태에 대한 조사와 분석도 필요하다.

이것은 특정 시간대에 CPU, Memory 점유율을 조사하는 것이며 해당 서버에서 제공하는 경우도 있고 별도의 모니터링 tool을 사용하여 관리하는 경우도 있다. WAS는 화면과 DB사이에서 Transaction을 관리하는 것이므로 특정시간 혹은 특정 SQL에 의해서 점유율이 급증을 했다면 WAS의 Buffer가 부족하거나 문제를 일으키는 SQL의 Tunning이 필요한 경우이다.

ISP에서는 모니터링 결과를 바탕으로 문제점과 향후 개선방향을 제시한다. SQL Tunning까지 할 수는 없다. 이것은 DB전문가에게 맡기는 것이 옳다.

▒ 개인용 컴퓨터

개인용 컴퓨터는 조직의 사무 자동화 기기로서 1인 1대 혹은 그 이상의 컴퓨터를 사용하고 있다. 이러한 기기에서 사용하고 있는 각종 소프트웨어에 대한 자산관리가 제대로 운영되고 있는지, 최신 소프트웨어를 사용하고 있는지를 살펴본다.

개인용 컴퓨터에 여러 가지 소프트웨어를 사용하는 경우에 불법소프트웨어의 사용 방지와 Bug 등이 개선된 최신의 제품을 유지하기 위해서 자산관리는 필수적이다.

시중에 컴퓨터 자산관리 소프트웨어가 많이 있으며 개인용 컴퓨터뿐만 아니라 서버나 네트워크 장비관리도 용이하게 해 주므로 이를 조사해서 제안을 한다.

정보시스템 보안 분석

정보시스템 보안분석은 정보보호 분야와 개인정보보호 분야로 나누어지며 그 대상은 서버, DB, 응용시스템, 네트워크 장비 등이다. 분석목적은 ISP 대상에 대한 정보자산을 안전하게 보호하기 위한 정보보호 관리체계 분석을 통해 영역별 개선 방향을 수립하는 것이다.

정보보호 부문의 장비들도 정보시스템 기반분석에서 분석한 서버의 CPU, Memory, 제조사, 모델명, 수량, 도입연도, 유지보수 계약 유지, 보험가입 등 구성요소와 관리요소 들에 대한 것들도 동일하게 조사와 분석을 한다.

정보시스템 보호분야는 그 분야에 전문지식과 기술이 필요한 분야이며 법에 따라 지식정보보안 컨설팅전문업체가 할 수 있는 영역이므로 ISP에서 깊숙하게 다루기에 적절치가 못하다.

하지만 ISP 대상에 보안분야에 문제가 심각하게 나타난다면 향후 개선방향을 제시하고 구체적인 사항은 후속과제로 진행을 할 수 있도록 한다. 필요에 따라서는 보안 컨설팅을 후속과제로 제안할 수도 있다.

분석의 기준은 정보보호 및 개인정보보호 관리체계(ISMS-P)를 활용한다.

ISMS-P는 정보통신망 이용촉진 및 정보보호 등에 관한 법률에 따라서 한국인터넷진흥원에서 관리하고 있는 인증 제도이며 고객의 정보보호 및 개인정보보호를 위한 일련의 조치와 활동이 인증기준에 적합함을 증명하는 제도이다.

이 법에 적용되는 대상자는 다음과 같으며 불특정 다수의 고객을 상대로 하는 기업이나 공공기관이 이에 속한다.

- (ISP)전기통신사업법의 전기통신 사업자로 전국적으로 정보통신망 서비스를 제공하는 사업자
- (IDC)타인의 정보통신서비스 제공을 위하여 집적된 정보통신시설을 운영 및 관리하는 사업자
- (매출액 및 이용자기준)연간 매출액 또는 세입 등이1,500억 원 이상이거나 정보통신서비스 매출액 100억 또는 이용자수 100만 명 이상인 사업자

ISMS-P는 3개 영역에서 총 102개의 인증기준으로 구성되어 있다.

- 관리체계 수립 및 운영(16개)
- 보호대책 요구사항(64개)
- 개인정보처리 단계별 요구사항(22개)

만일 고객이 ISMS-P에 대한 인증을 받고 싶어 한다면 ISP에서는 법에 따라서 인터넷진흥원에서 수행하고 있는 인증절차에 대한 소개와 현재 현황 대비 보완하여야 할 사항을 제시한다.

■ 정보보호 부문

정보보호 부문은 ISMS-P 점검기준을 바탕으로 고객사의 보안 지침, 규정 등을 분석하여 수행여부를 점검한다.

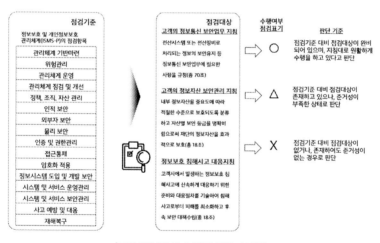

[그림 53] ISMS-P 점검 절차와 방법

각 조항별로 수행여부를 점검하고 점검기준에 비해서 고객이 수행하지 않거나 부족한 부분을 아래 표와 같이 작성한다.

〈표 19〉 ISMS-P 점검표

정보보호 관리 체계[ISMS-P] 주요 점검항목[4/5]

구분	세부 항목	점검항목	고객 수행현황	수행 여부
암호화 적용	암호 정책 적용	• 개인정보 및 주요정보 보호를 위하여 법적 요구사항을 반영한 암호화 대상, 암호 강도, 암호 사용 정책을 수립하고 개인정보 및 주요정보의 저장·전송·전달 시 암호화를 적용하고 있는가?	• 보안업무 지침 제20조	△
정보 시스템 도입 및 개발 보안	보안 요구사항 정의	• 정보시스템의 도입·개발·변경 시 정보보호 및 개인정보보호 관련 법적 요구사항, 최신 보안취약점, 안전한 코딩방법 등 보안 요구사항을 정의하고 적용하고 있는가?	• 보안업무 지침 제47조 • 시스템 유지보수 보안에 명시	△
	시험과 운영 환경 분리	• 개발 및 시험 시스템은 운영시스템에 대한 비인가 접근 및 변경의 위험을 감소시키기 위하여 원칙적으로 분리하고 있는가?	• 보안업무 지침 제47조	○
시스템 및 서비스 운영 관리	변경 관리	• 정보시스템 관련 자산의 모든 변경내역을 관리할 수 있도록 절차를 수립·이행하고 있는가?	• 보안업무 지침 제46조 • 보안관리 지침 제16조	△
	성능 및 장애관리	• 정보시스템의 가용성 보장을 위하여 성능 및 용량 요구사항을 정의하고 현황을 지속적으로 모니터링하고 있는가?	• 시행 미비	X
	백업 및 복구 관리	• 정보시스템의 가용성과 데이터 무결성을 유지하기 위하여 백업 대상, 주기, 방법, 보관장소, 보관기간, 소산 등의 절차를 수립·이행하고 있는가?	• 보안업무 지침 제8조 • 백업수행 중	△
	로그 및 접속기록 관리	• 서버, 응용프로그램, 보안시스템, 네트워크시스템 등 정보시스템에 대한 사용자 접속기록, 시스템로그, 권한부여 내역 등의 로그유형, 보존기간, 보존방법 등을 정하고 위·변조, 도난, 분실 되지 않도록 안전하게 보존·관리하고 있는가?	• 보안업무 지침 별표1	○

| 시스템 및 서비스 보안 관리 | 보안 시스템 운영 | • 보안시스템 유형별로 관리자 지정, 최신 정책 업데이트, 룰셋변경, 이벤트 모니터링 등의 운영절차를 수립·이행하고 보안시스템별 정책적용 현황을 관리하고 있는가? | • 보안업무 지침 제46조 | △ |
| | 공개 서버 보안 | • 외부 네트워크에 공개되는 서버의 경우 내부 네트워크와 분리하고 취약점 점검, 접근통제, 인증, 정보 수집·저장·공개 절차 등 강화된 보호대책을 수립·이행하고 있는가? | • 보안업무 지침 제57조 | △ |

ISMS-P는 대부분 제시되는 기준에 따라서 고객의 보안지침, 설치된 보안시스템을 대상으로 평가를 하지만 위험관리의 경우에는 위험평가를 별도로 한다. 위험분석 절차와 방법은 자산파악부터 시작을 한다. 그래서 컴퓨터 관련 자산관리 시스템이 필요하다는 것이다.

관리 대상이 적으면 엑셀로 관리가 가능하겠지만 그렇지 않은 경우에는 자산관리 시스템의 도입이 필요하다는 것이다.

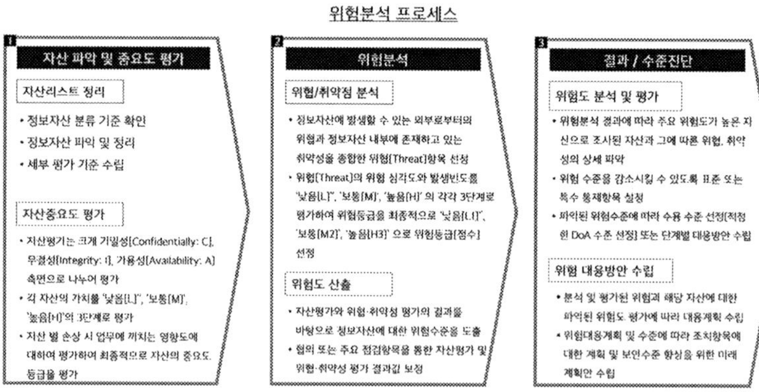

[그림 54] 위험분석 프로세스

위험분석은 각 서버 등 개별 정보자산 별로 실행을 하며 개인용 컴퓨터의 경우에는 숫자가 많으면 부서별로 일부 표본을 추출해서 분석을 하기도 한다.

다음 [그림 55] 정보자산별 위험도 분석 결과는 자산의 위험도를 분석한 결과에 대한 것이다.

위험도 분포에 따르면 각 자산별로 다양한 저 위험도 및 고위험도가 발견되었으며, 위험평가 프로세스에 따라 구분된 고위험도(위험도 18 이상)의 위험건수가 주요시스템(네트워크 및 서버)에서 다수 발견되어 조치가 필요한 것으로 나타났다.

✓ 각 정보자산별 위험발견 건수

구분	자산 총 개수	샘플선별 개수[%]	발견위험 건수
정보보호시스템	6	1[17%]	9
네트워크	115	3[3%]	34
서버	72	9[13%]	66
사용자PC	257	3[1%]	26
총계	450	16[4%]	135

• 위험분석 대상 자산에 대해 중요도, 위협, 취약점을 고려하여 위험평가를 실시한 결과 135개의 위험이 발견되있음

✓ 위험도 분포

구분	위험도												자산 별 총계
	1	2	3	4	6	8	9	12	15	18	21	24	27	
정보보호시스템	-	1	-	3	-	2	-	-	1	-	-	2	9
네트워크	-	-	-	9	-	12	-	5	-	-	8	34
서버	-	3	1	4	11	6	7	8	-	17	-	-	9	66
사용자PC	2	3	9	-	6	-	6	-	-	-	-	-	26
총계	2	6	11	4	29	6	27	8	0	23	0	0	19	135

• 자산의 각 개별 위험은 최소값 "1"부터 최대값 "27"까지 정량화된 값으로 평가되있으며, 각 자산 별 위험 분포를 분석한 결과 아래와 같은 결과가 도출됨

[그림 55] 정보자산별 위험도 분석 결과

통상적으로 ISP에서 위험도 분석까지 하지는 않지만 정보시스템 보안의 중요성이 점차 증가하고 있으므로 ISP수행자원이 충분하다면 하는 것이 좋다고 생각한다. 그리고 위험도 평가 방법은 한국인터넷진흥원의 가이드라인을 따르지만 현장에 맞게 최적화를 해서 적용해야 한다.

아래 방사형 그래프는 정보보호 분야(관리체계 수립 및 운영(16개), 보호대책 요구사항(64개))에 대하여 그 검토결과 일부를 표현한

것이다.

이 분석결과 표에 따르면 고객사의 정보보호 분야에서 인적 보안과 접근통제, 암호화 적용, 시스템 및 서비스 운영관리와 보안관리, 재해복구 부문에 개선해야 할 사항들이 있음을 알 수 있다.

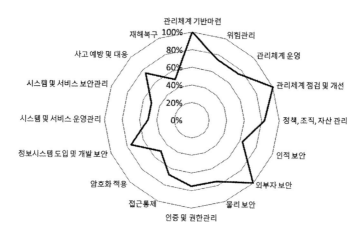

[그림 56] 정보보안 부문 현황진단결과(준수율)

■ 개인정보보호 부문

개인정보보호 부문에 대한 분석은 개인정보파일을 조사하고 개인정보의 수집, 보유 및 이용, 제공, 파기에 대한 개인정보 흐름표를 작성한다. 고객의 개인정보보호 관련 규정이 ISMS-P기준에 부합되는지 여부를 점검하고 수행여부를 기록한다.

〈표 20〉 정보보호 관리 체계[ISMS-P] 개인정보 처리 단계별 요구사항 점검표

구분	세부항목	점검항목	고객 수행현황	수행 여부
개인 정보 보유 및 이용 시 보호 조치	개인정보 목적 외 이용 및 제공	• 개인정보를 수집 목적 또는 범위를 초과하여 이용하거나 제공하는 경우 정보주체[이용자]로부터 별도의 동의를 받거나 법적 근거가 있는 경우로 제한하고 있는가?	• 보호 지침 제27조	○
		• 개인정보를 목적 외의 용도로 제3자에게 제공하는 경우 제공받는 자에게 이용목적·방법 등을 제한하거나 안전성 확보를 위해 필요한 조치를 마련하도록 요청하고 있는가?	• 보호 지침 제27조	△
개인 정보 제공 시 보호 조치	개인정보 제3자 제공	• 개인정보를 제3자에게 제공하는 경우 법령에 규정이 있는 경우를 제외하고는 정보주체[이용자]에게 관련 내용을 명확하게 고지하고 동의를 받고 있는가?		X
	업무 위탁에 따른 정보주체 고지	• 개인정보 처리업무를 제3자에게 위탁하는 경우 인터넷 홈페이지 등에 위탁하는 업무의 내용과 수탁자를 현행화하여 공개하고 있는가?	• 보호 지침 제23조	○
		• 재화 또는 서비스를 홍보하거나 판매를 권유하는 업무를 위탁하는 경우에는 서면, 전자우편, 문자전송 등의 방법으로 위탁하는 업무의 내용과 수탁자를 정보주체에게 알리고 있는가?		X
	영업의 양수 등에 따른 개인 정보의 이전	• 영업의 전부 또는 일부의 양도·합병 등으로 개인정보를 다른 사람에게 이전하는 경우 필요한 사항을 사전에 정보주체[이용자]에게 알리고 있는가?	• 보호 지침 제25조	○
	개인 정보의 국외이전	• 개인정보 보호 관련 법령 준수 및 개인정보 보호 등에 관한 사항을 포함하여 국외 이전에 관한 계약을 체결하고 있는가?	• 보호 지침 제66조	○
		• 개인정보를 국외로 이전하는 경우 개인정보 보호를 위해 필요한 조치를 취하고 있는가?	• 보호 지침 제66조	○

고객사의 개인정보보호 분야에 점검을 한결과 아래 도표와 같이 영상처리기기, 홍보 및 마케팅 목적으로 활용 시 조치, 휴면 이용자 관리 등 몇 가지 항목에 결함이 있음을 알 수 있다.

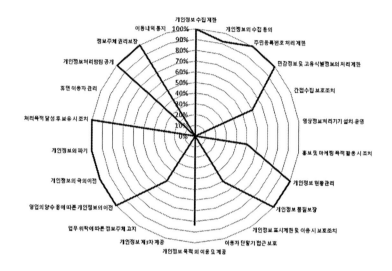

[그림 57] 개인정보보호 부문 현황진단결과(준수율)

ISP에서는 개인정보보호 분야에 대한 검토를 관련 기준에 따라서 점검만 하고 구체적인 개선안을 제시하는 것은 아니다. 이후에 향후에 해야 할 일을 정의하는 것이다. 이것은 개인정보영향평가를 의미하는 것이며 이것은 법에 따라서 개인정보보호사 자격증을 보유한 자만이 할 수 있다.

정보보호와 개인정보보호 분야에 조사와 분석이 끝나면 문제점 및 개선 방향을 제시한다.

정보전략계획 ISP 수립 실무

정보시스템 현황 분석 결과 종합 문제점 및 개선 방향 수립

고객을 대상을 진행한 설문 및 면담, 정보시스템의 관리체계, 응용시스템, 데이터베이스, 정보시스템 기반, 정보시스템 보안에서 제시한 개별 문제점 및 개선방향을 유사하거나 동일한 내용을 분류하고 정리해서 다시 종합적으로 기술을 한다.

만일 이 과정에서 각각의 항목에 대한 개별 문제점과 개선방향 제시가 되어 있지 않은 것이 발견되었다면 다시 그 부분부터 기술을 해야 한다. 그렇지 않으면 누락되거나 왜곡될 우려가 있기 때문이다. 개선방향을 알고 있기 때문에 대충 넘어가도 된다는 생각은 버려야 한다.

내부 현황 분석 결과 문제점 및 개선방향 정리

이 책의 첫 장에서도 말했듯이 ISP는 순방향으로는 논리적이어야 하고 역방향으로는 검증이 가능해야 한다. 밑도 끝도 없이 손오공이 바위에서 태어나듯 느닷없이 개선 방향이 나오면 안된다.

컨설팅 보고서는 앞뒤가 논리적으로 맞아야 하며 지금 작성 중인 내용이 어떠한 근거로 출발했는지 역추적이 가능해야 한다는 뜻이다. 수학 공식 수준까지는 아니더라도 제3자로 하여금 이해가 되도록 하여야 한다는 뜻이다.

컨설팅은 보고서가 완성품이다. 즉, 보고서가 그동안 노력의 결과물이라는 것이다. 컨설팅 프로젝트가 끝나면 이와 관련이 있던 사람들은 모두 떠나고 남는 것은 보고서뿐이다.

어떤 이유로 그러한 기능이 필요한지를 설명해야만 제3자가 이 보고서를 보고 전후 사정을 이해하게 되고 공감을 하게 되는 것이다.

근거 없는 논리적 비약은 금물이라는 뜻이다.

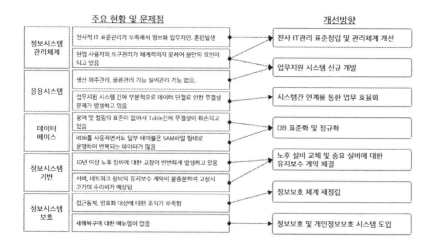

[그림 58] 정보시스템 현황 분석 결과 종합 문제점 및 개선 방향 수립도

이제 조직, 업무, 설문 및 면담, 정보시스템현황 분석이 끝났으니까 총정리를 할 때이다. 내부 현황 분석결과의 총정리는 다른 분석결과와 마찬가지로 문제점과 개선방향을 중심으로 매트릭스를 작성한다. 양이 많은 경우에는 엑셀을 활용하기도 한다.

〈표 21〉 환경분석 및 현황 분석 결과 표

구분	분석항목	문제점	개선방향
업무 현황 분석	업무 기능 효율성	예산/지출관련 중복적인 업무활동 수행	시스템간 연계를 통한 업무 효율화
		불충분한 자산관리환경에 따른 유사·중복 업무 활동 발생	전사적 자원관리를 통한 효율적인 협업환경 마련
		00업무 수행에 수반되는 수작업 업무 환경	전사적 자원관리를 통한 효율적인 협업환경 마련
	업무 흐름 효율성	개별 담당자 PC, 공유 폴더 및 외부 응용 서비스 등을 사용하는 업무 문서, 데이터, 정보 등 분산된 정보자원 관리	전사적 자원관리를 통한 효율적인 협업환경 마련
		00 자산 활용에 대한 유기적인 연계 및 공유 여건 부재	시스템간 연계를 통한 업무 효율화
		외부 프로젝트 관련된 모든 정산 업무처리 중 오류가 발생되면 정산 업무를 처음부터 다시 처리해야 함	업무 절차 마련 혹은 재조정
	업무 표준화	외부 프로젝트 평가에 대한 기준, 근거 등이 모호하거나 없음	업무 절차 마련 혹은 재조정
		통계요청 시 문서를 확인하거나 엑셀을 통해 자료를 전달함	자동화를 통한 업무 효율화
설문 및 면담 분석	CEO 및 임원 면담 결과	임원급이 볼만한 내용이 화면에 특별히 없음(대부분 부하직원으로부터 보고를 받고 있음)	임원급이 사용할 수 있는 시스템 개발
		집이나 해외 출장 중에 회사의 내용을 필요할 때 볼 수가 없음	원격근무가 가능한 시스템 개발
		부하직원들이 중복된 내용을 보고하는 것들 중에 서로 다른 내용으로 보고를 할 때가 자주 있음	기존 시스템의 재개발
	중복 수행	선배 직원들의 업무 관행에 따라서 중복된 업무를 할 때가 자주 있음	중복업무에 대한 시스템 적용
		시스템에 입력한 내용을 출력해서 상사에게 다시 보고를 해야 함	기존 시스템의 재개발

ISP 대상에 개선 혹은 새로운 방향 제시

		시스템이 다르다는 이유로 같은 내용을 2번 입력 해야 함	기존 시스템의 재개발
	시스템 만족도	여러 개 화면을 동시에 켜 놓고 할 수 있으면 좋겠음	기존 시스템의 재개발
		세무 신고 대행 업체 시스템과 자동연계가 되었으면 좋겠음	타 시스템과의 원활한 실시간 연계
정보 시스템 현황 분석	정보 시스템 관리 체계	전사적 IT 표준관리가 부족해서 정보화 업무지연, 혼란발생	전사 IT관리 표준정립 및 관리체계 개선
		현업 사용자의 요구관리가 체계적이지 못하여 불만의 요인이 되고 있음	전사 IT관리 표준정립 및 관리체계 개선
			업무지원 시스템 신규 개발
	응용 시스템	생산 외주관리, 물류관리 기능 설비관리 기능 없음	업무지원 시스템 신규 개발
		업무지원 시스템 간에 부분적으로 데이터 단절로 인한 무결성 문제가 발생하고 있음	시스템간 연계를 통한 업무 효율화
	데이터	용어 및 컬럼의 표준이 없어서 Table간에 무결성이 훼손되고 있음	DB 표준화 및 정규화
		RDB를 사용하면서도 일부 테이블은 SAM파일 형태로 운영하여 반복되는 데이터가 많음	DB 표준화 및 정규화
	정보 시스템 기반	10년 이상 노후 장비에 대한 고장이 빈번하게 발생하고 있음	노후 설비 교체 및 중요 설비에 대한 유지보수 계약 체결
		서버, 네트워크 장비의 유지보수 계약이 불충분하여 고장 시 고가의 수리비가 예상됨	노후 설비 교체 및 중요 설비에 대한 유지보수 계약 체결
	정보 시스템 보호	접근통제, 암호화 대상에 대한 조치가 부족함	정보보호 체계 재정립
		재해복구에 대한 매뉴얼이 없음	정보보호 및 개인정보 보호 시스템 도입

각 문제점에 따른 개선방향이 같은 경우에는 이를 정렬해서 미래모형 수립 시에 반영한다. 개선방향에 대한 기술은 방향이므로 구체적인 대안까지 언급할 필요는 없다.

예를 들어서 '정보보호 체계 재정립'의 경우 '정보보호 체계 재정립을 위한 정보보호 컨설팅 수행'이라든가 혹은 '시스템간 연계를 위한 ESB연계 솔루션 도입'과 같은 표현이다.

구체적인 방안은 미래모형 수립을 할 때 해야 한다. 그때 구체적인 방안을 결정해야 하는데 미리 추정으로 기술을 하면 나중에 변경하는 일이 잦거나 개선방향과 미래모형이 어긋나는 일이 생기기 때문이다.

방향과 방안의 차이점을 분명히 해야 한다는 뜻이다. 혹자는 개선기회라고 표현을 하기도 하는데 마찬가지 의미이다.

여기까지 현황 분석이 끝났고 현황 분석에 30%의 비중이 있다고 했으니까 이제 50%가 끝났다.

미래모형은 논픽션

미래모형 수립을 위해서 그동안 수행했던 외부 환경 분석 결과 시사점과 내부 현황 분석 결과 개선방향을 정비한다.

이 단계에서는 목표에 관한 이야기만 해야 하지만, 환경 분석과 현황 분석 결과를 모아서 정리하고 기술할 보고서의 위치가 애매하기 때문에 나는 부득이 이 단계에서 기술을 한다.

분석의 총정리이므로 환경 분석과 현황 분석 수준과 같은 별도의 목차를 만들기에는 중요도에 비해서 내용이 너무 적고 목차의 순서상 현황 분석 끝에 위치하기에는 환경분석 내용까지 기술하기가 적절치 못하기 때문이다.

환경과 현황 분석의 최종결과는 개선방안으로 표현을 한다. 좀더 구체적으로 미래모형 도출을 위한 용어이다. 이때부터 컨설턴트의 역량이 집중되어야 할 시점이다.

여태까지의 분야별 문제점과 개선방향 제시는 특정 분야에 국한한 것이거나 고객의 의견을 분류한 것이라고 한다면 지금부터는 컨설턴트의 경험적 지식과 논리적 역량을 총동원을 해서 구체화시켜야 한다.

이 단계에서 실수를 하면 애써 분석한 것들에 대해 미래모형을 수립하는 과정에서 누락이나 왜곡이 생길 수 있기 때문이다. 개선방안을 수립하는 모형은 분석단계에서 수행한 것과 동일하다.

분석결과 개선방안 정리

개선방안은 지금까지 조사와 분석 과정 결과를 집계하고 내부 현황 분석결과를 중심으로 문제점, 개선방향, 개선방안을 기술하고 개선유형을 분류한다.

각 개선방안은 외부 환경 분석결과에 어떠한 부분을 참조하고 고려해야 하는지를 파악하기 위하여 그 분석결과를 항목별로 점검을 한다.

이 작업은 현황 분석에 분석결과 문제점 및 개선방향과 환경 분석에 분석결과 시사점으로 정리된 것들을 다시 대비 표로 작성을 한다. 그래야 중복이나 누락을 방지하고 보완이 용이하기 때문이다.

그리고 개선방안이 도출된 논리적 근거를 정리함으로써 프로젝트 팀원뿐만 아니라 고객의 공감을 유도할 수 있다.

아래 표는 모 공공기관의 ISP 프로젝트에서 진행한 분석표를 예로 들었다. 예를 들어서 개선방안 중에 예산관리 정보시스템 개발은 ERP를 고려하고 국고금관리법을 참조하며 ○○공사의 사례를 참조한다.

또 다른 예는 문서공유 솔루션 도입은 보안법과 □□공사의
사례를 참조로 한다.

즉, 내부 현황 분석 결과로 도출한 개선방안에 대해서 외부의
영향요인을 고려하거나 참조하는 것이다.

〈표 22〉 현황 및 환경 분석결과 종합 대비 표

구분	내부 현황 분석 결과					외부 환경 분석 결과				
	분석 항목	문제점	개선 방향	개선 방안	개선 유형	법 제도	정부 정책	이해 관계자	정보 기술	타 사례
업무 현황 분석	업무 기능 효율성	예산/지출 관련 중복적인 업무 활동 수행	시스템간 연계를 통한 업무 효율화	예산 관리 정보 시스템 개발	IT	국고금법	국고보조금	보건복지부	ERP	○○공사
	정보 시스템 관리 체계	전사적 IT 표준 관리가 부족해서 정보화 업무 지연, 혼란 발생	전사 IT관리 표준 정립 및 관리 체계 개선	정보화 규정 제정	프로세스	전자정부법	사전협의	행정안전부		□□공사

설문 및 면담 분석	CEO 및 임원 면담 결과	임원급이 볼만한 내용이 화면에 특별히 없음 (대부분 부하 직원 으로 부터 보고를 받고 있음	임원급이 사용할 수 있는 시스템 개발	BI 솔루션 도입	IT				BI	○○ 공사

정보전략계획 체계

정보화 비전

정보화 비전을 수립할 때는 지금 진행 중인 ISP가 추구하는 최종의 목표를 짧은 문장으로 구성하는 것이다.

전사적인 경우도 있고 부분적인 경우도 있다. 이 뜻은 ISP의 범위에 벗어나지 않도록 하여야 한다는 뜻이다.

ISP는 계획이므로 이 계획대로 정보시스템이 구축되었을 때 어떠한 기대효과가 있을 것이며, 궁극적으로 어떠한 목표를 달성할 것인가를 표현하는 작업이다.

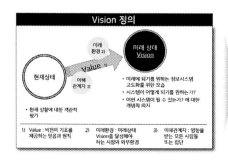

[그림 59] 비전수립 개요도

이 작업은 상징적이고 개념적이기 때문에 때로는 형식적으로 보일 수도 있다.

하지만 정보화 비전이란 조직의 비전 및 목표 달성을 위한 지원 및 수단으로써 정보기술의 활용 목적과 목표를 명확하게 정의하는 것이다.

또한 이것은 조직 비전에 정보기술이 어떤 가치를 부가할 수 있도록 구성되고, 운영되어야 할 것인가에 대한 미래 모습을 구상하는 것이다. 즉 정보화 비전은 정보화 추진을 통한 미래의 고객 모습을 개념적으로 정의하는 것이라고 할 수 있다.

IT가치를 통한 경영과 IT의 공동가치 실현을 통해 고객의 미래 모습(경영목표)을 달성하기 위한 핵심가치를 창출하기 위한 비전 선언문(Vision Statement)을 작성한다.

정보화 비전	경영목표 달성을 지원하는 정보서비스 플랫폼 구축		
정보화 전략목표	보안성이 확보된 최신의 의사소통 및 정보공유 기반 마련	경영업무 지원을 위한 전체적 관점의 정보화 과제 설계	00공사 정보화 수준 향상 및 운영 체계화
정보화 추진전략	00공사 공통의 의사소통 및 업무에 대한 정보공유 기반 마련	경영업무의 선진화를 위한 정보화 기반 설계	전체 정보화 수준 향상을 위한 투자, 운영 및 정보시스템의 체계적 운영
정보화 추진과제	화상회의 시스템 구축	정보유통 허브 시스템 구축	정보화사 투자 및 운영규정 제정
	통합 ERP 구축	BI 시스템 구축	Cloud System 전환
	VDI 기반 망 분리시스템 구축		

[그림 60] 정보화 비전 수립(사례)

정보화 추진과제

정보화 추진과제는 분석결과에 따라서 업무 프로세스 과제와 IT과제로 나누어서 작성을 한다.

■ 업무 프로세스 과제

- 현황 분석결과 개선이 필요한 것 중에 업무 프로세스에 관한 사항(프로세스, 활동, 작업)
- 정보화 투자 및 운영규정 제정

■ IT과제

- 통합 정보시스템 구축
- 화상회의 시스템 구축
- VDI 기반 망 분리시스템 구축

- 정보유통 허브 시스템 구축
- BI시스템 구축

업무 프로세스 목표 모델

목표 모델 개요

업무 현황 분석 단계에서 작성한 개선방안 및 정보화 요구사항을 반영하여 목표 업무 프로세스를 설계한다. 궁극적으로 목표 업무 프로세스를 고객의 통합 정보시스템 구축 계획 수립에 반영을 하는 것이다.

업무 프로세스가 현재에 비해서 바뀐 부분이 있다면 우선 미래 업무 관계도를 작성한다.

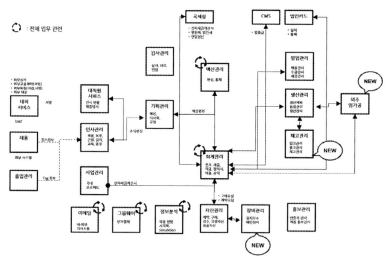

[그림 61] 미래 업무 관계도

앞의 [그림 61] 미래 업무 관계도를 보면 외주임가공, 재고관리, 장비관리 업무에 대한 프로세스가 추가되었음을 알 수 있다.

이것은 새로운 업무 일 수도 있고 기존에 업무를 부각시킨 경우 일 수도 있다. 정보화를 위해서 기존 업무 틀에서 분리를 했다는 뜻이다.

이행수립에 기대효과 분석을 할 때 정량적 기대효과 산출을 위해서 현황 분석 결과에 대하여 계수적으로 측정을 해야 하듯이 미래모형도 가능한 것은 미리 측정을 해 두는 것이 좋다. 즉, 개선이 되면 무엇이 얼마나 좋아지는 가에 대해서 말이다.

'측정할 수 없으면 관리할 수 없고, 관리할 수 없으면 개선할 수 없다.'라는 말을 다시 한번 상기하자.

예를 들어서 외주임가공 업무를 정보화 함으로써 생산의 효율성이 증가된다면 생산원가가 어느 정도 절감이 가능한가를 측정하는 것이다. 이러한 작업은 매우 고통스러울 정도로 많은 시간과 노력이 필요하지만 현황 분석 단계에서부터 측정을 해 두면 수월하게 분석할 수 있다.

중요한 것은 측정항목의 발굴이다. 어떠한 관점으로 기대효과를 볼 것인가가 첫 단추라는 뜻이다. 하지만 프로세스 측면에서만 개선을 하고 정보화에 반영할 수 없는 것이라면 아쉽지만 ISP 기대효과로서 반영은 포기하는 것이 좋다.

자칫 BPR 방향으로 가면 곤란하게 되기 때문이다. ISP의 기대효과는 오직 정보화를 통해서만 그 효과를 기대할 수 있는 것이다.

업무 프로세스 재구성

업무 프로세스 재구성은 현재에 비해서 개선된 프로세스를 의미한다. 미래업무 관계도에서 기술했듯이 새로운 것일 수도 있고 기존에 프로세스에 비해서 개선된 것일 수도 있다.

이것을 위해서 목표 프로세스의 구조와 현행 프로세스 대비 미래 프로세스의 상관관계를 부여한다. 그리고 미래 프로세스를 바탕으로 미래시스템 기능과의 연관도를 정립하고 업무 효율화에 필요한 문서 표준화를 설정한다.

이렇게 재구성된 업무 프로세스는 현행 정보시스템의 현황을 개선하기 위한 정보화 비전과 전략의 기초자료로 활용된다.

꼭 필요하지 않다면 업무 프로세스 자체의 개선방안은 수립하지 않는 것이 좋다는 뜻이다. 이것은 BPR영역에 해당하는 것이며 기승전결의 논리적 구성이 어렵다면 ISP에서는 참조 정도만 하는 것이 좋다.

개선목표는 핵심 업무 프로세스 및 정보시스템에 관련된 개선 활동을 통하여 추구하는 미래모습의 추상적인 개념이다.

개선 전략 체계하에서 개선 목표는 전략체계의 최상위에 존재하는 것으로서 다소 추상적이기는 하나 업무 프로세스 및 통합 정보시스템이 추구하여야 할 최종의 방향 및 목표를 제시하는 것으로서 의미를 가진다.

업무 프로세스 재구성을 위한 산출물은 업무현황 분석의 그것과 동일하다.

- 업무 프로세스 개요서

- 업무 프로세스 체계도
- 업무 프로세스 흐름도
- 업무 프로세스 활동기술서

[그림 61] 미래 업무 관계도와 같이 각각의 산출물에 변화된 부분을 표기하는 것도 좋은 방법이다. 다음 [그림 62] 목표 업무 프로세스 흐름도와 같이 기존 업무 혹은 새로운 업무에 IT로 표현한다.

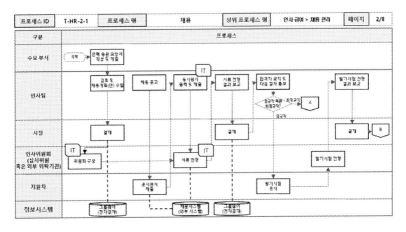

[그림 62] 목표 업무 프로세스 흐름도

현황 분석과 마찬가지로 작성해야 할 산출물의 양이 많다면 본문보다는 별첨으로 하고 본문은 요약형태로만 작성하는 것이 좋겠다.

정보시스템 목표 모델

정보시스템 모델 개요

ISP에서 정보시스템 모델은 각종 분석결과 기존 시스템의 개선 혹은 신규 개발을 통하여 미래에 지향하는 정보시스템 관리 체계, 소프트웨어와 하드웨어, 네트워크, 시스템보안에 대한 기초 설계를 하는 것이다. 이것은 고객의 업무에 대한 기술적 지원 방안을 수립하는 것이지만 그 자체가 사업의 수단이 되는 경우도 있다. 플랫폼의 개발이 그것이다.

이 책에서는 주로 고객의 업무지원에 관한 사항으로서 비전수립에 따른 정보화 추진과제를 중심으로 구성하였고 그 일부만 아래와 같이 언급을 한다.

- 정보시스템 관리 체계: 정보화 조직, 규정, 표준화
- 통합 정보시스템 도입: 응용시스템, DB, Utility S/W
- 시스템 기반구조: 서버, 네트워크

정보시스템 관리체계 수립

앞서 업무 프로세스의 기대효과에 대해서 언급을 했고 ISP의 기대효과는 '오직 정보화를 통해서만 그 효과를 제시할 수 있다'라고 했다.

그런데 정보시스템 관리 체계는 응용시스템을 전제로 하는 것은 아니지만 이것은 정보시스템을 관리하는 방법이므로 정보화

에 속한다고 할 수 있다. 현업의 업무를 지원하는 것은 아니라는 뜻이다.

정보시스템 관리체계에 대해서 논하기 전에 그 특성에 대한 이해가 필요하다. 정보시스템은 응용시스템과 DB, 시스템 기반 (Infrastructure), 네트워크로 구성된 복합체이다.

이중에 가장 많은 부분을 차지하고 있는 응용시스템 즉, 기능과 DB이다. 이것을 우리는 통틀어서 소프트웨어라고 하며 그 특성 중에 가장 대표적인 것이 바로 불가시성이다. 이것은 소프트웨어 구조가 눈에 보이지 않고 각종 코드로 숨어 있다는 뜻이고, 그 결과물(화면)과 코드와의 관계를 파악하기가 쉽지 않다는 뜻이다.

그래서 이를 관리하는 체제가 타 기술에 비해서 더 필요한 것이고 강한 관리가 필요하기까지 한 것이다. 이것은 통제 (Governance)를 의미하기도 한다. 절차와 표준 그리고 이를 관리하는 체제(규정, 조직 등)가 그것이다.

전사적으로 그것이 필요하고 부분적으로도 필요하며 이것들 간에 상호 유기적으로 움직여야만 한다.

정보시스템은 체계적으로 관리하지 못하면 혼란이 생기고 자칫하면 현업업무의 효율성을 저하시키기 때문이다. 전사적으로 사용하기 위해서 개발된 정보시스템의 관리일수록 더욱 그렇다.

게다가 일정기간을 두고 그 기술이 혁신적으로 바뀌기까지 한다. 지난 40여 년간 소프트웨어의 기술은 비교를 할 수 없을 정도로 바뀌고 있으며 이를 운영하기 위한 기반인 CPU, Memory, 저장장치, Display, 네트워크의 발전은 가히 경이로울 정도이다.

그래서 무분별한 개발보다는 체계적인 통제가 필요한 기술이기도 하다. 정보시스템 관리체계는 정보화 조직, 표준화, 규정으로 나누어서 기술을 한다. 이것은 고객의 요구에 따라서 ISP범위에 해당할 수도 있고 그렇지 않을 수도 있지만 아래의 경우는 모○○공사 ISP를 사례로 들었다.

○○공사는 내부적으로 여러 개의 정보시스템 조직이 있고 조직이 없는 경우에도 부서의 담당자가 정보시스템 관련 사업을 추진하고 있어서 전사적으로 통제나 공유가 필요한 상태였다.

■ 정보화 조직 재구성

○○공사의 정보화 조직의 재설계 방향은 환경변화에 적극적으로 대응을 하는 경쟁력 있는 IT지원으로 설정을 하였으며, 조직설계 전제사항과 충족의 원칙 그리고 재설계에 따른 주요과제를 도출하였다.

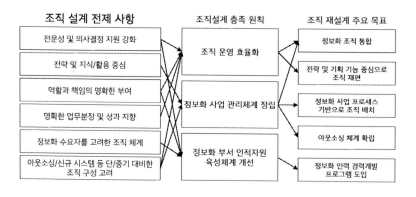

[그림 63] 정보화 조직 재설계 방향도

정보전략계획 ISP 수립 실무

○○공사는 현재 IT조직 운영의 형태는 분권형 조직구조이지만 공사의 전사 규모와 IT인력 배정의 타당성을 고려할 때 향후에는 중앙집중형의 조직구조로 변화할 것을 추천하였다.

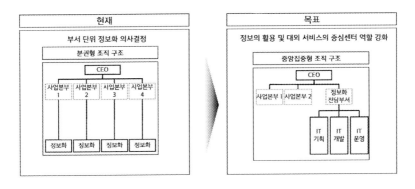

[그림 64] 전사 정보화 조직의 변화도

현재 ○○공사는 경영지원실, ○○사업팀 등에서 정보시스템 관리에서 운영, 서비스까지 정보시스템 전주기를 각자 관리함으로 비효율적인 정보자원의 중복 현상이 발생하고 있었다. 이러한 중복 등 문제 사례를 찾아서 개선근거로 제시를 하는 것이 공감대 형성에 긍정적 영향을 줄 수 있다.

정보서비스 제공 관점에서 분산되어 있던 IT 서비스 부문의 통합과 정보 서비스의 정보자원 통합 조정 및 정보화 기획 기능 수행(정보자원의 도입~폐기)을 할 것을 제안하였고 책임자와의 면담을 통해서 그 필요성을 설명하였다.

현재 정보화 관련 업무를 3개 부서에서 관리하고 있으나, 1단계에 업무 재분류를 통하여 핵심업무와 비 핵심업무를 분류하고

2단계에 이를 수행하기 위한 조직으로 구성하여야 함을 제시하였다.

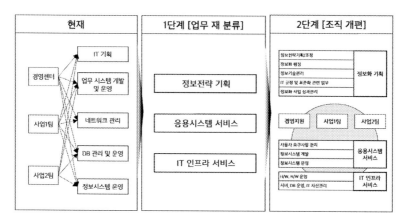

[그림 65] 정보화 조직개편 수행도

이 결과에 대해서 비핵심업무로 분류된 부분의 외주처리 방안을 수립하였다.

■ 정보시스템 표준화

조직이 비록 물리적인 통합을 못하더라도 서로가 필요로 하는 정보의 일관성과 무결성 유지를 위해서 표준화는 반드시 필요한 체제이다.

세부적인 사항들은 국내외에 많은 사례가 있으므로 이 책에서는 간략하게 표준화 대상만 거론하기로 한다.

• 용어표준: 응용시스템 개발과 DB 구성

- 응용시스템 개발 표준: 개발방법론
- 데이터베이스 구축 표준: 메타데이터 표준으로서 용어표준과 일치시키고 속성을 부여
- 시스템 구조 표준: O/S, 모델, 구성
- 네트워크 표준: 백본, 서브넷 구성

▨ 정보시스템 관리규정 제/개정

정보시스템 규정은 다수의 정보화 부서를 운영하고 있는 조직의 경우 특히 정보시스템 규정이 필요하다. 불가시성의 특성을 가진 정보시스템의 변화과정을 전사적으로 통제해야 하기 때문이다.

그 필요성은 공공기관과 기업에 공통으로 있는 현상으로써 회계정보가 생산정보와 연계되지 못하고 있거나 설비관리 시스템이 별도로 운영되고 있어서 전사적 효율성을 저하시키는 요인을 방지하는 역할을 할 수 있다. 특히 요즘과 같이 아웃소싱에 의존도가 높아지는 때에는 더욱 필요하다.

정보시스템 규정 역시 참조사례가 많으므로 이 책에서는 해당 항목만 나열하기로 한다. 아래는 공공기관에서 필요로 하는 정보화 규정 목록이며 정보시스템 운영 규정의 경우 주로 ITIL에서 권고하는 것들이다.

규정	지침 및 주요 내용	비고
정보화 업무 규정	조직, 책임과 역할, 투자관리	조직 내 최상위의 규정으로서 타 규정을 통제
정보시스템 서비스 규정	사용자 요구관리	
	서비스 관리	SLA
정보시스템 운영 규정	표준화 관리	개발 및 운영 포함
	백업관리	
	성능관리	
	시스템 변경 관리	
	자원관리	
	장애처리	
	장애예방 관리	
정보화 사업관리 규정	외주관리	
	정보화 사업관리	
	성과관리	
정보화 사업 개발 규정	개발 방법론	
	운영이관	

통합 정보시스템 기본설계

설계의 대상은 현재 회계, 생산, 설지, 외주임가공(수작업) 등 각 업무별로 별개의 시스템 운영 중이거나 시스템이 없는 업무이다.

분석을 통하여 통합 시스템 구축할 것을 검토했고 전사적으로 전체 업무를 대상으로 시스템을 신규로 구축할 것을 제안하는 것을 예로 하였다.

다음 [그림 66] 시스템 청사진은 시스템 청사진으로서 모 제약 회사의 시스템을 사례로 하였다. 그동안 각 개별 업무 단위별로 정보시스템을 구축하여 이용 중에 있거나 정보시스템 사각지대에 있는 업무를 모두 하나의 정보시스템에 담는 그림이다.

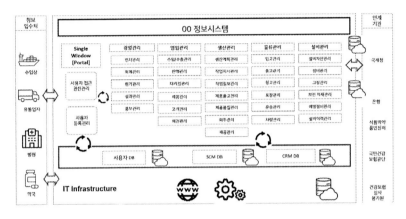

[그림 66] 시스템 청사진

■ 정보시스템 3대 구성요소들 간의 관계

업무를 지원하는 정보시스템은 기반구조 외에 프로세스, 기능, DB로 구성되어 있고 이들 간에는 [그림 67]과 같이 순서적으로 밀접한 관계를 가지고 있다. 업무를 표현하는 프로세스를 시작으로 특정 프로세스(활동 혹은 작업)는 다시 기능으로 재설계되며 이 기능에 포함되는 관리항목들은 DB 설계를 위한 개체구성에 사용한다.

이렇게 서로가 밀접하게 연관되어있으며 특히 기능설계에서 관리항목 도출은 DB 개체설계에 중요한 기초정보이다.

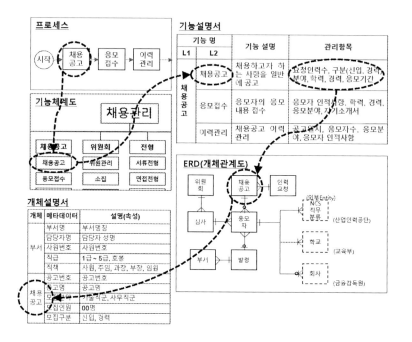

[그림 67] 프로세스 〉 기능 〉 DB 구성의 연관 관계

■ 기능 설계

　기능은 업무 프로세스를 기반으로 설계를 한다. 즉 업무 프로세스에서 결정된 프로세스(단계, 작업, 활동)를 기능으로 옮기는 작업이다. 물론 이 과정에서 업무 프로세스에는 없는 활동이지만 정보시스템 구성상 추가나 변형이 있을 수 있다. 더 작게 나누거나 합쳐지거나 신규 기능으로 생길 수 있다는 뜻이다.

　기능설계는 단위 프로세스별로 작성한다. 우선 기능정의서부터 작성을 한다. 이것은 해당 기능에 대해서 설명을 하는 것으로서 사용주기, 사용자, 관련 시스템, DB 등에 대해서 기술을 한다.

기능 ID	F-HR-2-1	기능 명		채용관리	상위 기능 명	인사관리	페이지	1/1
기능 설명	정규직 혹은 전문직 직원을 신규로 채용하는 시스템 기능							
사용주기	• 사용주기 : 인력 충원 요청 시 • 인사팀의 처리시간 : 1주 이내				내부규정	• 인사규정 • 채용관리내규 • 별정직 인사관리 내규 • 신규임용 직원 인사처리 내규 • 비정규직 채용 사전심사제 　운영지침 등		
사용자	• 수요 부서: 인력 충원 요청서 • 인사팀: 채용 계획[안], 서류전형 결과 　보고서, 필기시험 전형 결과 보고서, 　면접전형 결과 보고서, 최종합격자 선발 　결과 보고서 • 지원자: 응시 원서				관련 시스템명[내부]	• 전자결재시스템 • 경영정보시스템 • 홈페이지		
DB	• 채용, 인사위원, 학교, 경력[법인], 주소, 조직, 　발령				관련 시스템명[외부]	• Job Korea • Work-Net • 사람인		
특기사항								

[그림 68] 기능 정의서

　기능정의서 작성이 끝나면 기능도를 작성하는데 그 전에 정보
시스템으로 해당 업무를 지원할 것인지 여부를 고객과 협의에
따라서 결정을 해야 한다.

　[그림 69] 목표 업무 프로세스 대비 정보시스템 기능 반영도는
이러한 과정을 쉽게 하기 위해서 목표업무 프로세스 흐름도에
정보시스템 기능이 필요한 부분을 표시(√)한 것이다.

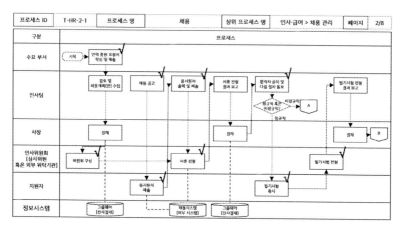

[그림 69] 목표 업무 프로세스 대비 정보시스템 기능 반영도

　업무 기능도는 업무구성도와 유사하다. 아래 기능도는 인사관리 업무 중에 채용관리에 관한 업무를 정보시스템 기능으로 재구성한 것이다.

　기능구성도가 완성되면 기능설명서를 작성한다. 이것은 프로세스 활동기술서와 유사하다. 기능설명서는 기능의 수준(Level)별로 작성을 하고 상세할수록 좋지만 개발비 산정을 위한 것이므로 굳이 상세하게 하지 않아도 좋다. 나는 2Level까지가 적당하다고 생각한다. 개발 단계에서 변경이 되거나 더 상세하게 설계를 하게 될 것이기 때문이다.

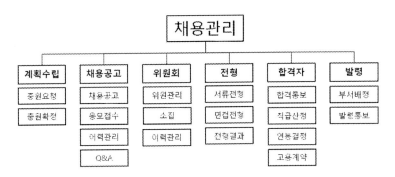

[그림 70] 인사 채용관리 기능도

〈표 24〉 인사 채용관리 기능 설명서

기능명		기능 설명	관리 항목	관련 시스템	사용빈도	
L1	L2				평소	Peak
계획 수립	충원 요청	인력 충원이 필요한 부서에서 인사팀에게 인력 충원을 요청	요청부서명, 요청인력수, 구분(신입, 경력)		• 1회/ 월 • 100명	
	충원 확정	요청받은 건에 대하여 담당자 검토 후 의사결정 권자의 승인여부 에 따라서 결정 (반려될 수도 있음)	충원요청 내역, 요청 부서 인력변동 이력,	• 전자 결재 시스템	• 1회/ 월 • 3명	
채용 공고	채용 공고	채용하고자 하는 사항을 일반에 공고	요청인력수, 구분(신입, 경력), 분야, 학력, 경력, 응모기간	• 홈페이지 • Job Korea • Work- Net	1회/ 월 • 3명	

채용공고	응모접수	응모자의 응모 내용 접수	응모자 인적 사항, 학력, 경력, 응모분야, 자기소개서	홈페이지 • Job Korea • Work-Net	1회/ 월 • 1,000 명	1회/ 월 • 10,000 명
	이력관리	채용공고 이력관리	공고일시, 응모자수, 응모 분야, 응모자 인적사항		1회/ 월 • 3명	

기능설명서를 작성할 때는 활동기술서에서 파악된 관리항목을 보완해야 한다. 이 관리항목으로 DB 설계를 해야 하기 때문이다.

관리항목은 가능한 엑셀로 정리를 해서 정렬을 하고 중복되는 항목은 배제하고 유사(이음 동의어와 동음 이의어)항목은 통일시키는 것이 좋다.

기능설명서에 내용 중에 특히 신경을 쓸 부분이 사용 빈도이다. 평소에 발생하는 트랜잭션 수와 부하가 가장 많이 걸릴 수 있는 Peak치를 산정해야 한다. 이것은 시스템 구조정의 시에 CPU, Memory 그리고 네트워크 부하와 깊은 관계가 있기 때문이다. 이때 조사를 하지 않으면 나중에 다시 해야 하는 번거로움이 있다.

우리는 Peak Time에 대비하지 못하여 업무가 마비되는 경우를 종종 보기 때문에 이 작업이 기능설계에 있어서 매우 중요하다. 질병관리청에서 운영하는 코로나방역관련 웹사이트가 사용자 폭주로 인해서 며칠간 마비가 되고 대학교 입시철에 교육부의 입시관련 웹사이트가 마비되는 사례가 바로 그러한 경우이다. 선거관리시스템과 국세청의 연말정산시스템도 이에 속한다.

■ 정보화에 따른 기대효과 측정

정보시스템 기능은 업무 프로세스를 효율적이나 효과적으로 향상시켜 주는 것이 주요 목표이므로 이에 대한 기대효과를 측정한다. 이 일은 지금 하지 않으면 추후에 이행계획 수립 단계에서 기대효과를 종합적으로 분석을 할 때 큰 어려움을 겪는다.

ROI나 BC분석과 같은 종합적인 기대효과 산출은 프로젝트 끝무렵에 하기 때문에 다시 분석하는 것이 현실적으로 어렵기 때문이다.

정보화에 따른 기대효과는 2가지 측면에서 측정을 한다.
- 비용절감 측면: 관리업무에 대해 정보화를 통하여 개선하는 경우
- 매출이익 측면: 영업과 관련된 정보시스템의 개발 혹은 개선의 경우

이것은 주로 목표 업무 프로세스 대비 정보시스템 기능 반영도를 참조해서 정보시스템 기능 개발로 인한 변화 내용을 파악한다.

기능 명		변화내용	기대효과(개선, 향상)		비고
L1	L2		정성적	정량적	
계획 수립	충원 요청	신규 정보화	업무 정확도 개선	5%	
	충원 확정	N/A	-	-	
채용 공고	채용 공고	신규 정보화	업무 정확도 개선	5%	
	응모 접수	신규 정보화	업무 정확도, 응모자 편의성 개선	5%	
	이력 관리	신규 정보화	업무 정확도 개선	5%	
위원회 구성		신규 정보화	업무 정확도, 처리속도 개선	20%	

목표로 하는 시스템의 기능이 많을수록 이러한 작업에 어려움이 있을 수 있으나, 고객과의 면담이나 설문에 의해서 기능을 설계하는 과정에서 추출을 할 수 있으므로 최대한 작성을 하는 것이 좋다.

만일 상세하게 하는 것이 어렵다면 효과가 크게 나타날 수 있는 부분이라도 작성을 해야 한다.

예를 들어서 앞에 〈표 25〉 기대효과 산출 내역 표의 사례는 L2와 같은 작은 업무단위이지만 L1이나 그 이상의 업무단위(예: 채용관리)에 대해서 정보화를 한다면 반드시 필요한 작업이다.

그나마도 어렵다면 메모라도 해 두어야 한다. 나중에 기대효과 산정을 할 때 착안사항을 비교적 쉽게 추출하기 위해서이다.

메모의 핵심은 착안사항 즉 기대효과 항목이다. 계산은 그 다음이라는 뜻이다. 어떤 부분에 비용절감이 있을 것이며 어느 부문에 매출 증대가 있을 것이지를 메모하고 이것들을 어떻게 표현할 것인지를 메모하는 것이다.

■ DB 설계

• 개체 정의

ISP에서의 DB설계는 개념적 설계를 의미한다.

이것은 개념적 데이터 모델을 의미하는 것이며 정보 모델링의 결과물이고 추상적 개념이다. 논리 모델링이나 물리적 모델링은 개발자의 몫이다. ISP에서는 업무나 기능을 뒷받침해주는 데이터의 주제영역을 정하고 이에 대한 관계성을 개념적으로 표현하는 것이다.

기능설명서에 관리항목을 충분하게 추출했다면 이를 기반으로 스키마라고 부르는 메타데이터의 집합을 주제 영역별로 분류한다. 여기서 주제영역은 채용이지만 다시 소분류를 하면 여러 개의 개체로 표현할 수 있다.

스키마는 데이터베이스를 구성하는 데이터 개체(Entity), 관계(Relationship), 속성(Attribute) 등에 관해 전반적으로 정의해야 하지만 ISP에서는 개체와 관계 정도만 표현을 한다.

속성까지 정의를 해도 개발과정에서 논리, 물리 DB 설계를 할 때 많은 부분이 변경되거나 새롭게 정의되므로 ISP에서 속성을 다루는 것은 적합하지 않기 때문이다.

기능에서 추출된 관리항목을 다시 정리를 해서 개념적 데이터 모델 구성을 위한 개체를 정의한다. 이것은 기능정의서에 추출된 관리항목만 가지고 그대로 개념적 데이터 구성을 하기에는 부족하다는 뜻이다.

기능설명서의 관리항목	
프로세스	관리항목
채용	요청부서명
	요청구분
	학교
	전공
	회사
	응모자 성명
	응모분야
	날짜
	응모자 생년월일
위원회	심사위원명
	심사일자
	심사이력
	심사명
심사	심사일자
	심사유형
	심사항목
	심사결과
발령	발령일자
	부서
	직급
	피발령자 성명
	사원번호
	생년월일
학교	학교명
	학교구분
회사	회사명
	회사구분

개념적 데이터 모델을 위한 개체 목록		
개체	메타데이터	참조
부서	부서명	
	담당자명	
	사원번호	
	직급	
	직책	
채용공고	공고번호	
	공고명	
	모집분야	NCS직무분류
	모집인원	
	모집구분	
	학력	교육부
	경력	금융감독원
	모집이력	
응모자	응모자 성명	
	생년월일	
	응모분야	NCS직무분류
	응모일자	
	응모구분	신입, 경력
	전공	
	학력	
NCS직무분류	직무별 대, 중, 세분류	국가직무능력표준 분류
위원회	심사위원명	
	심사일자	
	심사이력	
	심사명	
심사	심사일자	
	심사유형	
	심사항목	
	심사결과	
발령	발령일자	
	부서	
	직급	
	피발령자 성명	
	사원번호	
	생년월일	
학교	학교명	교육부 오픈데이터 활용
	학교구분	초, 중, 고, 대, 대학원
회사	회사명	금융위원회 오픈데이터 활용
	회사구분	소, 중, 대, 외국기업

[그림 71] 개념적 데이터 모델 구성을 위한 개체 목록 구성도

정보전략계획 ISP 수립 실무

기능설명서에 기술한 관리항목을 다시 개체로 변형하기 위해서는 업무현황 분석 과정에서 이해한 것들과 추가로 탐색적 노력이 필요하다. 분석결과로 나타난 프로세스와 관리항목이 그대로 개체가 되는 것은 아니라는 뜻이다.

예를 들어서 [그림 71] 개념적 데이터 모델 구성을 위한 개체 목록 구성도에서 채용의 경우 채용이라는 개체는 없어지고 부서와 채용공고로 나누어진다. 여기서 컨설턴트는 응모자로부터 받아야 할 응모분야에 표준화된 분류를 생각하고 이러한 표준이나 기준을 적용하는 것이다.

기존에 인사업무에서 이러한 기준을 적용하고 있다면 이를 사용하면 되지만 그렇지 못할 때에는 타 사례를 찾아봐야 한다.

학교나 회사도 마찬가지이다. 응모자로 하여금 학교명이나 회사명을 입력하도록 하는 것보다는 공개된 기준정보를 활용하는 것이다. 이렇게 함으로써 오타나 서로 다른 이름으로 인하여 데이터의 무결성이 훼손되는 것을 방지할 수 있다. 특히 이런 부분들은 집계나 통계를 작성할 때 오류를 예방할 수 있고 사용자의 편의성을 제공할 수 있다.

학교정보는 교육부의 오픈데이터를 활용하고 회사정보는 금융감독원의 오픈데이터를 활용한다.

앞서 회계와 영업에 거래처 데이터에 무결성이 훼손되는 경우에 이러한 외부에 공신력 있는 표준데이터를 활용하면 미리 방지를 할 수가 있고 별도의 노력을 들여서 정합성을 맞추는 작업을 할 필요가 없는 것이다.

개체와 메타정보의 구별작업 중에 개체 간에 반복되는 메타정보가 있다면 이것들을 묶어서 또 다른 개체로 분류를 해야 한다.

DB 정규화 규칙 중에1차 정규화로서 반복그룹의 제거이다. ISP에서 DB정규화를 하는 것은 아니고 반복그룹을 식별해서 개체로 묶는 것뿐이다. 정규화 작업은 개발자의 몫이다.

동일한 속성을 가진 것들이 있는데 예를 들어서 날짜와 같은 것이다. 이러한 것들은 도메인으로 분류를 하는데 이것 역시 개발자의 몫이다. ISP에서는 할 수가 없는 작업이다.

ISP에서 메타정보까지는 식별이 가능하지만 구체적인 속성까지 정의하기는 어렵다는 뜻이다. 설혹 정의를 했어도 개발과정에서 많은 변화가 있을 수 있으므로 무의미한 작업이 될 수도 있기 때문이다.

프로세스를 개체로 변형하는 과정은 규칙이 없기 때문에 산술적이나 공학적이지는 못하며 컨설턴트의 경험적 지식이 필요하다. 컨설턴트의 역량에 따라서 데이터의 구조가 달라질 수 있다는 뜻이다.

· ERD 작성

개체가 정의되었으면 이제부터 ERD를 작성한다. ERD는 개체와 메타정보 그리고 개체 간에 관계를 구성하여 작성을 한다. 작성방법은 현황 분석 단계에 데이터베이스 분석 과정에서 작성한 개념 ERD와 동일하다.

[그림 72] 채용업무 개념ERD에서 위원회는 여러 건의 심사를 할 수 있고 1개의 심사는 여러 명의 응모자를 심사한다. 응모자

중에 합격자에 한해서 발령을 하며 합격자가 없으면 발령도 없다. 그 발령은 여러 개의 부서로 나누어진다.

하지만 응모자 중에 합격자가 없으면 발령도 없다. 응모자의 NCS[34]직무분류와 학교, 회사는 외부 Entity를 활용하며 신입의 경우에는 과거 근무했던 회사가 없을 수 있음을 표현한 것이다. 응모자 중에 합격자가 없는 경우에는 발령이 없을 수 있기 때문에 발령ERD에 그렇게 표현을 한 것이다.

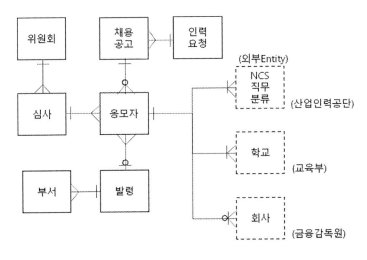

[그림 72] 채용업무 개념ERD

각 메타정보에 대한 길이, 초기량, 발생량을 기술하는 이유는 시스템구조 정의를 할 때 저장공간의 용량과 네트워크 부하량,

---

34) NCS(국가직무능력표준, National Competency Standards) 한국산업인력공단이 산업현장에서 직무를 수행하는 데 필요한 능력(지식, 기술, 태도)을 표준화한 것

CPU 및 Memory 용량을 고려하기 위한 것이다. 이 작업은 이때 하지 않으면 시스템 구조 정의를 할 때 다시 해야 하는 번거로움을 피하기 위해서이다.

통상적으로 중규모 이하의 ISP 프로젝트에 업무별로 기능을 설계하는 컨설턴트는 여러 명이지만 시스템 구조를 설계하는 컨설턴트는 1명 내외이기 때문에 시스템 구조정의 단계에서 그 1명이 많은 산출물을 모두 이해하고 기반구조를 설계하는 어려움을 미리 피하고자 하는 것이다.

개념 ERD가 완성되면 개체 설명표를 작성한다.

〈표 26〉 개체 설명 표

개체	메타데이터	설명(속성)	참조	길이 (Byte)	초기 (건)	발생량 (건/일)
부서	부서명	부서명칭		20	1,000	1
	담당자명	담당자 성명		20	3,000	10
	사원번호	사원번호		20	3,000	10
	직급	1급~5급, 호봉		20	50	1
	직책	사원, 주임, 과장, 부장, 임원		20	60	1
채용공고	공고번호	공고번호		20	10,000	1
	공고명	공고명		20	10,000	1
	모집분야	기술직군, 사무직군	NCS직무 분류	20	10,000	1
	모집인원	00명		5	10,000	1
	모집구분	신입, 경력		2	100	0.1

	학력	고, 대, 대학원		20	10,000	0.1
	경력	근무경력 (회사명, 근무기간)	금융 감독원	20	10,000	0.1
	모집이력	채용공고 이력 (공고번호, 공고일자, 공고명)		20	10,000	1

- 기능 대비 개체 매트릭스 작성

기능설계와 DB설계가 완성되면 이것들 간에 상관관계를 설계한다.

어떠한 기능이 어떤 DB(개체)와 관계가 있는지를 설계하는 것이다. 개수가 많은 기능을 좌측에 위치하고 상단에 DB(개체)를 나열한다.

CRUD[35] 매트릭스라고도 부르는 이것은 데이터의 생애주기에 영향을 미치는 기능과의 관계를 표현한 것이다. 이 작업을 하는 이유는 추후에 개발비 산정을 위해서 기능점수(Function Point)를 산정할 때 유용하게 쓰일 수 있기 때문이다.

이렇게 미리 준비하지 않으면 기능점수 산정을 위해서 재조사를 하거나 경험치로 산정을 하게 되는데 이렇게 하면 개발비의 신뢰도가 저하될 수밖에 없다.

기능점수 산정방식은 간이법과 정통법이 있는데 두 가지 방법 모두 기능과 DB에 관련이 있다.

---

35) CRUD(Create(생성), Read(읽기), Update(갱신), Delete(삭제)), DB 접근 방식

<표 27> 기능 대비 개체 매트릭스

기능		개체								
L1	L2	부서	공고	응모자	위원회	심사	발령	NCS	학교	회사
계획수립	충원요청	R								
	충원확정	R								
채용공고	채용공고		C							
	응모접수		C					R	R	R
	이력관리		C							
위원회	위원회관리				C					
	소집				C					
	이력관리				C					
전형	서류전형					C				
	면접전형					C				
	전형결과					C				
합격자	합격통보			R			C			
	직급산정						C			
	연봉결정						C			
	고용계약						C			
발령	부서배정	C								
	발령통보	C								

기능점수에서는 File개념을 적용하고 있는데 DB보다는 더 포괄적의미로 쓰이고 있지만, 게시판에 첨부파일을 추가하는 형태도 DB로 설계를 하므로 특별한 경우를 제외하고 대부분의 경우가 기능점수에서 필요로 하는File개념을 충족한다고 할 수 있다.

개발의 경우에는 논리 혹은 물리테이블을 기능점수 산정 대상으로 하기 때문에 더 정확한 산정(정통법)이 가능하지만 ISP에서는 그럴 수 없으므로 Entity를 대상으로 하며 간이식으로 산정을 하고 개발과정에서 상세 설계 후에 기능점수를 재 산정한다. 이 작업은 ISP범위에 따라서 다르겠지만 많은 시간과 노력이 필요할 수도 있다. 하지만 분석단계부터 차근차근 작업을 했다면 별로 어려울 것은 없다.

▣ ERP 도입 검토

정보시스템 미래 미래모형으로 통합정보시스템에 대한 기능과 DB를 설계했지만, 그 결과 SI개발 보다는 ERP 패키지를 도입하는 것으로 결정을 했다. 이 책에서 여러 가지 정보시스템 미래모형 중에 ERP도입을 예로 든 이유는 응용시스템 설계에 모든 경우가 포함된 사례이기 때문이다.

전사의 업무를 지원하기 때문에 단순하게 구입해서 설치하고 사용하는 것이 아니라는 뜻이다. 옷으로 비교하면 SI개발은 맞춤복이고 ERP 패키지는 기성복이라고 할 수 있다.

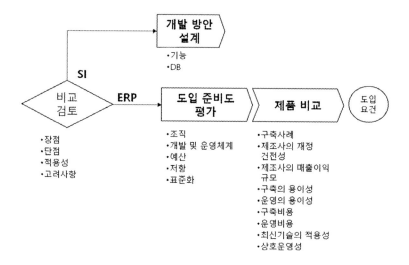

[그림 73] ERP 도입 절차도

• 비교검토

SI로 개발을 할 것인지 혹은 ERP 패키지를 도입할 것인지 의
사결정을 위한 비교검토를 한다.

다음 〈표 28〉 SI 대비 ERP 도입 검토 비교 표는 잘 알려진 일
반적인 비교와 ISP 대상 업무 및 정보시스템 분석 결과를 대입한
결과이다.

〈표 28〉 SI 대비 ERP 도입 검토 비교 표

구분	SI	ERP	비고
장점	개선된 프로세스에 최적화된 시스템 개발로 인한 사용자 만족도 극대화	국내외 표준화된 프로세스를 받아들임으로써 자연스럽게 PI가 가능	

장 점	운영 중에 사용자 요구변화 수용이 용이함	변화하는 정보기술에 대한 부담 최소화	
		동일제품의 동종업계 사례 참조 가능	
		조직내 정보기술 인력의 탄력적 운영 가능	
		업무간 데이터 무결성 유지 용이함	
단 점	임의 변경에 따른 표준화 준용의 어려움	특정 제품에 종속적이어서 타 제품으로 변경이 어려움	
	사용자와의 원활한 소통이 부족 할 경우 다양한 오류가 생길 가능성이 있음		
	개발에 참여하는 업무담당자와 개발자의 역량에 따라서 시스템의 기능수준이 달라짐 (저하가능)		
	업무간 데이터 무결성 유지에 어려움	사용자 변경 및 개선 요구에 즉시 대응 어려움	
	정보기술 인력의 확보와 유지에 많은 비용과 조직관리 에 부담이 됨	유지보수 및 운영비용 부담이 높을 수 있음	
	정보기술의 변화에 즉시 대응 이 어려움에 따라 기회 손실이 있을 수 있음		
적 용 성	목표 응용시스템의 모든 기능을 개발할 수 있음	목표 응용시스템의 일부 기능은 SI로 개발 해야 함(특히 타시스 템과의 연계)	업무 및 정보시스템 분석 결과
		사용자의 거부에도 불구하고 패키지 특성상 적용을 해야 할 기능이 있음	
고려 사항	개발자는 개발대상 업무에 경험이 있어야 함	시장에 범용적인 제품이 아닌 경우 개발자(운영 포함) 확보에 어려움이 있을 수 있음	

이러한 비교 검토 결과에 따라서 ERP를 도입하기로 결정을 한 것이다.

• ERP 패키지 도입 준비도 평가

ERP를 도입하기로 결정을 했으나 그것을 위해서 현재대비 정보시스템 목표 모델과 비교평가를 한다. 현재 대비 무엇이 부족한지 무엇을 준비해야 하는 지에 대한 평가를 함으로써 미리 준비를 하고 도입에 시행착오를 최소화하고자 하는 것이다.

〈표 29〉 ERP 도입 준비도 평가 표

평가항목	도입 준비도 평가내용	비고
조직	ERP도입을 위한 전사적 조직화	현업의 사용자와 정보기술인력의 통합조직(한시적 TFT)
개발 및 운영체계	조직, 규정	• IT 분산조직의 경우 통합 혹은 위원회 구성 • 개발 및 운영 규정
예산	도입 및 운영예산의 충분성	SI의 경우 예산관계로 자체 운영이 가능하지만 ERP의 경우는 업체에 의존성이 강함
저항	기존 시스템대비 변화하는 ERP시스템의 구조에 대한 사용자 혹은 IT인력의 예상되는 심리적 저항 기존업무 프로세스 적용요구	지속적인 변화관리와 설득이 필요함 ERP에 대한이해 기존 업무 프로세스 개선의 필요성 홍보 심리적 저항을 극복하기 위한 업무 안정화 대책 수립
표준화	각 업무 및 정보시스템의 데이터(관리항목)의 표준화 여부	ERP의 경우 표준화(특히 마스터 데이터)를 위한 시간이 초기에 많이 소요됨

■ 제품비교

ERP 제품에 대한 비교를 한다. ISP 대상 고객이 가장 최적의 제품을 선택하기 위한 기준을 제공하는 작업이다. 제품비교는 상대평가 방식으로 하였다. 이 과정에서 관련 업체로 하여금 자신들의 제품에 대한 소개를 요청할 수도 있다.

PoC[36])까지는 아니지만 실제 검토 대상 업체의 제품의 기능에 대해서 소개를 받고 참조를 하는 것이다. 이 자리는 고객도 함께 참석을 해서 같이 검토를 하는 것이 좋다. 그 업체는 자신의 제품에 대한 홍보를 할 수 있고 고객의 입장에서는 부담 없이 미리 제품을 살펴보는 기회이기 때문이다.

〈표 30〉 ERP 제품 비교표

평가 항목	가중치	제품 A		제품 B		비고
		평가 점수	환산 점수	평가 점수	환산 점수	
구축사례	20%	90	18	70	14	
재정 건전성	10%	90	9	80	8	신용평가 등급
매출액	10%	90	9	90	9	최근 3년 평균
조직	10%	80	8	80	8	직원 수
구축의 용이성	10%	80	8	80	8	

36) PoC(Proof of Concept) 실제로 어느 정도의 기능과 효과가 있는지를 검증하는 것

운영의 용이성	10%	80	8	80	8	프로그래머 확보의 용이성
구축비용	10%	80	8	80	8	
운영비용	10%	80	8	80	8	사용료, 라이선스비
최신기술	5%	90	4.5	90	4.5	
상호 운영성	5%	50	2.5	50	2.5	타 시스템과의 연계 용이성
합계	100%	810	83	780	78	

※ 환산점수: 가중치 × 평가점수

상기와 같이 평가를 한 결과 제품 A로 선정을 하였다.

시스템 기반 구조 기본설계

기능, DB를 설치하고 운영할 하드웨어, 네트워크 등에 대한 기본설계를 할 차례이다.

이 회사는 수시로 인력을 채용하고 있고 국내뿐만 아니라 해외에 지사를 운영하고 있다. 이 회사는 현재 5천 명의 직원이 일을 하고 있고 이 업계 특성상 인력이동이 잦아서 수시로 인력 채용을 하고 있다.

주요 고객은 국내외 병원과 약국이며 해외도 바이어와 동일한 형태의 고객이 있다. 이러한 고객특성을 고려해서 시스템 기반을 설계한다.

■ 응용시스템 구조설계

응용시스템 구조는 소프트웨어 측면에서 현재까지 설계한 기능과 DB를 서버단위로 구성도를 그리고 그 구성요소에 대한 내용을 기술하는 것이다.

우선 [그림 74] 응용시스템을 위한 소프트웨어 아키텍처 구성도 와 같이 전체 구성도의 작성을 한다. 어떤 서버에 응용시스템을 위치시킬 것인지는 각각의 역할과 부하정도를 고려한다.

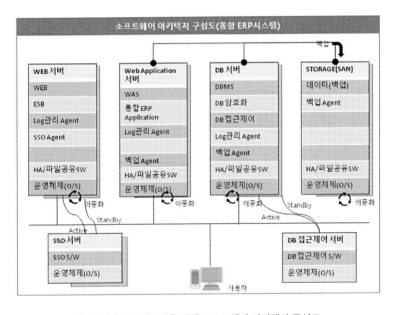

[그림 74] 응용시스템을 위한 소프트웨어 아키텍처 구성도

- WEB서버

Presentation단을 지원하는 소프트웨어와 Web 관련 HTML

등을 지원하며 외부 연계를 위한 ESB기반의 SOAP 혹은 REST방식을 지원하는 S/W, SSO와 LOG관리 S/W, 운영체제(O/S)를 구성하였다.

- Web Application 서버
  응용 프로그램(통합 ERP 소프트웨어 군)을 구성하고 DBMS와의 연계(오픈, 조작 등)를 위한 기능과 사용현황 관리를 위한 Web Log관리 S/W를 구성하였다.

- DB서버
  DBMS(데이터베이스 관리 시스템)을 탑재하고 DB암호화, DB접근제어, 이미지, 데이터 백업을 위한 백업 S/W를 구성하였다.

- 스토리지
  WAS, DBMS 데이터(백업)와 이미지, 데이터 백업을 위한 백업 S/W 구성하였다.
  그리고 모든 서버에 이중화 지원을 위한 HA/파일공유 S/W를 구성하였다.

- 응용 소프트웨어 선정을 위한 평가
  응용소프트웨어의 선정은 공통으로는 기술적 성숙도 및 구입비, 안정성, 활용사례를 기본으로 고려하는데 제품군의 구체적인 비교는 별도로 한다.

<표 31> 응용 소프트웨어 선정을 위한 평가 표

평가 기준	내용	비고
기술 성숙도	기술의 안정성 및 성능, 확장성, 표준, 보안 등의 수준	
라이선스 비용	솔루션 도입 비용은 없거나 최소로 제공하며, Subscription 계약에 의한 기술지원 위주의 라이선스 계약 가능 여부	Open source 고려
기술지원의 안정성	솔루션 개발/공급 업체의 자체적 기술 지원 또는 공식적인 파트너 자격을 획득한 국내 지원 기업의 기술지원 가능 여부	
설치 사례	국내에서 충분한 활용 사례를 참조하여 개발/운영 경험자 확보가 용이한지 여부	

제품군 별로 동일특성을 비교하여 제품을 선택할 수 있는 기준을 수립하고 해당하는 제품을 선택한다.

다음 〈표 32〉은 WAS 제품 비교표는 WAS를 대상으로 제품을 비교한 것이다.

<표 32> WAS 제품 비교표

구분	제품 A	제품 B	제품 C	비고
고성능(동시처리능력)	상	하	상	
경량화(메모리 사용량)	상	하	상	
파일 캐쉬 처리 역량	양호	양호	양호	
HTTP/2 Draft 지원 여부	지원	지원	N/A	
TLS 1.0~1.2 지원 여부	지원	지원	지원	
IPv6 지원 여부	지원	지원	지원	
AJP Proxy 기능	지원	지원	지원	
Fast CGI 기능	지원	지원	지원	

Simple CGI 기능	지원	지원	지원	
WSGI 기능	지원	지원	지원	
Reverse Proxy & LB	지원	지원	지원	
Vhost	지원	지원	지원	
URL Rewrite	지원	지원	지원	
Admin Console	지원	지원	지원	
BAA(Basic Access Authentication)	지원	지원	지원	
DAA(Digest Access Authentication)	지원	지원	지원	
Compression	지원	지원	지원	
기술지원	상	중	하	

상기와 같이 응용소프트웨어는 제품 나름대로 특성이 있기 때문에 동일한 기준으로 비교하는 것은 쉽지 않다.

그래서 나는 응용소프트웨어 대한 비교나 자료가 필요할 때에는 늘 조달청에서 운영하고 있는 나라장터 종합쇼핑몰을 이용한다.

이곳에는 대부분의 소프트웨어가 등록되어 있고 제품규격과 특성 그리고 가격까지 공개가 되어 있다.

정부에 납품되는 모든 제품이 등록되어 있는데 정부뿐만 아니라 기업에서도 동일하게 사용하는 소프트웨어와 하드웨어 네트워크 제품이 대부분 있다. 그리고 최근에는 IT분야만 별도의 쇼핑몰 서비스를 하고 있다. 조달청 디지털서비스몰은 국민은 누구나 조회가 가능하므로 자유롭게 정보를 입수할 수가 있다.

이 정보를 활용해서 비교가 가능하다. 이곳에 등록된 모든 제품은 조달청의 검토와 승인을 받은 제품이며 소프트웨어의 경우 GS[37]등 인증을 받은 제품들이 많기 때문에 어느 정도 신뢰를 할 수 있다.

[그림 75] 조달청 디지털서비스몰에서 검색한 WAS제품
(출처: https://digitalmall.g2b.go.kr:8058/index.jsp)

이렇게 도입할 제품을 비교하는 것은 ERP 검토 과정과 같게 관련 회사를 초청해서 각 제품별로 설명을 직접 듣는 것도 좋은 방법이다.

---

37) GS(Good Software, 한국정보통신기술협회의 소프트웨어 시험인증제도)

- 개발 프레임워크

이렇게 응용소프트웨어 대한 물리적인 구성을 했는데 응용소
프트웨어 중에 ERP 패키지 도입만으로는 충분하지 못해서 SI개
발이 필요 할 때가 있다. 혹은 ERP이외에 시스템을 SI로 개발을
한다면 이에 관한 표준 프레임워크에 대한 것도 제안을 하는 것
이 좋다.

현황 분석 단계에서 고객의 응용시스템에 구조파악을 할 때
각 응용시스템의 기반이 서로 다른 구조였다면 말이다. 응용시
스템의 기반구조란 개발 프레임워크를 의미하는 것으로서 .Net,
JAVA 등이 대표적인 그것이다.

그런데 .Net은 단일회사(마이크로소프트사)의 제품이므로 표준화
에 별 문제가 없지만 JAVA 프레임워크는 오픈소스에서부터 각
회사별로 다양하게 사용하고 있으므로 사용자 입장에서는 운영
및 유지보수에 어려움이 있다. 각 사의 프레임워크에서 개발된
프로그램은 다른 프레임워크에서 원활하게 작동을 하지 않기 때
문이다.

이러한 이유로 인해서 유지보수 업체가 변경될 경우 더 많은
비용이 필요하거나 지연되는 문제가 발생하기도 하고 오류가
생겼을 때 조치가 어려운 문제가 생기기도 한다. 동일한 JAVA
Source로 Coding을 했음에도 불구하고 말이다.

만일 계열사가 많거나 응용시스템 기반이 다양한 기업이라면
하루라도 빨리 이 부분에 표준화를 할 것을 추천하고 싶다.

정부는 다행히도 전자정부 프레임워크라는 공통기반을 개발
해서 무상으로 제공을 하고 있고 모든 공공기관이 이를 준용하

도록 하고 있다.

그래서 이를 준용하는 기관은 유지보수 업체가 바뀌더라도 별 문제없이 운영을 하고 있다. 특정업체에 기술적으로 종속되지 않는다는 것이다.

[그림 76] 전자정부 표준 프레임워크 아키텍처 모듈 뷰 구성도

(출처: 전자정부 표준 프레임워크, 2023. 01, 행정안전부, 한국정보화진흥원,
https://www.egovframe.go.kr/home/main.do)

[그림 76] 전자정부 표준 프레임워크 아키텍처 모듈 뷰 구성도에 모듈 뷰의 특성은 아키텍처에 영향을 미치는 핵심 영역은 Spring[38]으로 구성되어 있다.

---

38) Java개발을 위한 미국의 공개 JAVA프레임워크

공통표준 프레임워크가 주는 이점은 여러 가지가 있으며 그 중에 특히 중요한 것은 상호운영성과 유지보수성이다. 컴포넌트의 재사용도 이점이라고 하지만 현실적으로는 적용에 어려움이 있다.

나는 오래 전에 전자정부 프레임워크 개발 이전에 관련 부처의 자문회의에서 표준화의 필요성을 주창하였고 이로 인한 폐해에 대해서 설명을 하였다.

개발 및 유지보수 업체의 자유로운 선택이 극히 제한되던 문제로 인하여 비용의 증가를 감수해야만 했으며 결국 그 피해는 고스란히 국민의 세금으로 메꾸어야만 했고 기술기반을 SI사업자에게만 의존하던 시절이었다. 그 이후에 정부와 업체들이 모여서 워킹그룹을 만들었고 지금의 전자정부 프레임워크 모태가 되었다. 2000년 후반의 일이었다.

그래서 나는 소프트웨어 개발 표준에 대해서는 기업도 전자정부 프레임워크를 참조할 것을 권하고 싶다. (https://www.egovframe. go.kr/home/main.do)

Python 등 프로그래밍 언어도 점차 다양해지면서 표준을 구성하고 지키기가 어려워지고는 있다. 하지만 굳이 신기술을 도입해야 할 특별한 경우가 아니면 가장 안정화되어 있고 사례가 많은 것을 적용하는 것이 좋다고 생각한다. ISP 대상이 일반 기업이거나 공공기관의 경영을 지원하는 것이라면 말이다.

■ 서버구조 설계

서버의 구성은 앞서 구성을 한 응용시스템 구조와 크게 다르지는 않지만 네트워크가 포함된 것이 약간 다르고 물리적인 위치를 표시한다.

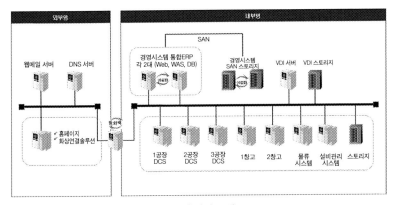

[그림 77] 서버 구성도

서버의 선택 역시 소프트웨어와 동일하게 제품군 별로 비교를 하는데 그 이전에 필요한 용량을 산정한다. 이것은 통합정보시스템 설계를 할 때 작성한 기능 설명서에 사용 빈도 특히 peak time을 고려해서 서버의 규모(처리속도)를 산정하고 개체 설명 표에 데이터 발생량을 참조해서 저장장치의 용량을 산정한다.

서버는 물리적인 제품이며 내구연한을 고려해야 하므로 향후 5년 업무증가율을 적용한 용량산정 결과와 현 운영서버를 비교 그리고 비용 효율성, 사용연한(노후화) 및 유지보수 용이성(제품 생산/서비스지원 종료)을 고려한다.

각 서버의 규모산정 방법이나 기준은 제조사 별로 다르기 때문에 기초자료를 가지고 TTA[39]에서 발간한 '정보시스템 하드웨어 규모산정 지침'을 활용한다.

이 표준은 하드웨어 규모산정의 개념 및 규모산정의 대상이 되는 하드웨어 구성요소를 설명하고 규모산정을 위한 서버별 (OLTP 서버, WEB/WAS 서버) 성능 기준을 제시하며, 규모산정 시 일반적인 고려 사항과 규모산정의 절차를 기술한다. 또한 CPU, 메모리, 디스크, 스토리지 등 하드웨어 구성요소별 규모 산정식과 세부 기준값을 제시한다[40].

〈표 33〉 서버 규모산정 목록

시스템	이중화 여부	수량	용량산정(평상시)	Peak Time
통합 ERP 서버	이중화	2	총 사용자 400명 기준 → 동시접속 30%(10~30% 중 최대값 30% 적용) APP 서버 : TPMC : 40,189 / CPU : 2.5Ghz 10core *2 / MEM : 57GB DB 서버 : TPMC : 40,189 / CPU : 2.5Ghz 10core *2 / MEM : 57GB WEB 서버 : max-jOPS : 112 / CPU : 2.5Ghz 10core *2 / MEM : 15GB WAS 서버 : max-jOPS : 330 / CPU : 2.5Ghz 10core *2 / MEM : 15GB Storage : 5,466 GB (시스템 DISK 용량 합산)	인사채용: 평상시 10배/ 년 6회/ 1일간 물류: 평상시 10 배/년 6회/ 3일

39) TTA(Telecommunication Technology Association, 한국정보통신기술협회)
40) 출처: 정보시스템 하드웨어 규모산정 지침, 2018. 12, TTA

			총 사용자 400명 기준 → 동시접속 30%(10~30% 중 최대값 30% 적용) APP 서버 : TPMC : 40,189 / CPU : 2.5Ghz 10core *2 / MEM : 57GB DB 서버 : TPMC : 40,189 / CPU : 2.5Ghz 10core *2 / MEM : 57GB WEB 서버 : max-jOPS : 112 / CPU : 2.5Ghz 10core *2 / MEM : 15GB WAS 서버 : max-jOPS : 330 / CPU : 2.5Ghz 10core *2 / MEM : 15GB Storage : 1,748GB(시스템 DISK 용량 합산)	인사채용: 평상시 10 배/년 6회/ 1일간 물류: 평상시 10배/ 년 6회/3일
포털 시스템	이중화	2		
의사 결정 지원 시스템	-	1	APP 서버 : TPMC : 40,189 / CPU : 2.4Ghz 10core / MEM : 57GB	

앞에 〈표 33〉 서버 규모산정 목록에서 산정한 서버의 규모산 정은 평상시에 용량을 산정한 것이며 Peak Time대는 별도로 산 정을 해야 한다.

하지만 〈표 33〉에 서버의 규모산정에 계산된 수치는 최소한의 용량이며 실제 적용할 때에는 5년 이상 가동기간을 고려해서 충 분한 여유를 가지고 산정을 해야 한다.

■ 네트워크 설계

네트워크는 기존 노후 장비를 교체하고 새로운 시스템 도입을 고려하여 설계를 한다.

기존 인라인 구성의 QoS 단일장비의 이중화 구성으로 안정성 을 확보했고 노후연한 장비 교체(메인 방화벽), 추후 공장자동화 인프라를 고려해서 현재 각 부문별 메인장비(백본, 방화벽 등)까지 구간의 증속(기존 백본-공장 구간의 경우 10G 구성)을 했다.

내부 경영시스템과 구분된 DMZ 영역의 개별 구성과 별도 스위치 구성(추후 외부 웹서비스 추가에 따라 L4 스위치 등의 구성 추가), 보안 강화를 위하여 논리적 망분리를 위한 내부업무망용(경영시스템 접속용) VDI 구성(100인 이하 소규모 시범적으로 1단계 추진) 등으로 새롭게 네트워크를 구성했다.

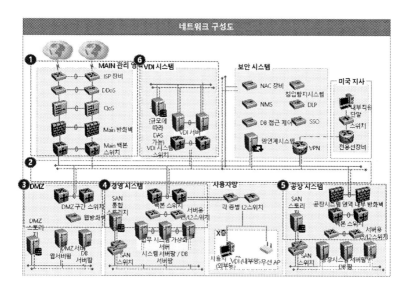

[그림 78] 네트워크 구성도

네트워크 구성에 필요한 장비 규격과 목록을 작성하고 도입을 위한 제품 비교방법은 서버와 동일하고 용량산정 방법은 TTA의 네트워크 구축을 위한 장비 규모 산정 지침을 활용한다.

이 지침에서는 예를 들어서 '업링크 대역폭 = 다운링크 포트수

× 다운링크 대역폭 × 최대보정 계수' 등 네트워크 성능규모의 산정식을 제공하고 있다.

▨ 클라우드 시스템 타당성 검토

서버용량 산정을 할 때 과부하 시점(Peak Time)을 고려해서 평상 때에 비해서 10배가 넘는 규모로 도입을 해야 하는데 이렇게 되면 서버뿐만 아니라 DBMS, WAS등 그 서버에 탑재되는 소프트웨어의 도입과 유지보수 비용에도 영향이 있다. 소프트웨어 판매 기준이 CPU모델과 개수에 따라서 다르기 때문이다.

이 책에서 소개되었던 가상의 모델은 의약품 제조회사이다.

직원채용과 물류업무에서 1년에 6차례 정도 총 20일가량의 영향 때문에 10배가 넘는 서버와 관련 소프트웨어를 도입하는 것은 무리라는 판단을 하고 그 대안으로 클라우드 시스템을 검토한다.

유사시 클라우드 시스템의 자동확장 기능(Auto Scale Out) 기능을 고려한 것이다. 클라우드 시스템에 관한 기술적 내용은 타 자료를 참조하고 이 책에서는 클라우드 시스템 도입 타당성 검토에 필요한 사항들을 다루기로 한다.

클라우드 서비스의 도입비용은 초기투자비를 의미하는 것이며 클라우드 시스템은 대부분 계약 기간별로 사용료 청구를 하므로 큰 의미는 없지만 기존 시스템의 폐기비용이 있을 수 있다. 운영비용은 운영 및 유지보수 측면에서의 비용을 의미하며 특히 클라우드 시스템의 사용료를 의미한다.

<表 34> 클라우드 서비스 도입 타당성 검토 항목

비용 검토 항목	주요 내용
비용 산정 기간	5년으로 산정을 함(고정자산에 관한 감가상각 평균 기한)
비용 산정 대상 서비스	PaaS, IaaS 사용료
내부 인건비	클라우드 서비스를 받지 않고 온프로미스로 구축할 경우 내부 운영자 인건비
서비스 중단 피해 복구비용	과부하의 원인으로 서비스 중단에 다른 피해 복구 비용 보안사고로 인하여 서비스 중단에 따른 피해 복구 비용
기존 시스템 폐기 비용	감가상각 완료 이전에 폐기를 하는 경우 산정 보험약정 기간 이전에 폐기를 하는 경우 손해 비용 산정

과부하의 우려 때문에 일시적으로 추가 이용할 클라우드 서비스를 선택한다면 IaaS만 선택할 수도 있다. 하지만 개발과 운영기간 동안 각 서버에 탑재된 상용소프트웨어에 대한 관리비용(라이선스비+관리 인건비)을 고려해서 PaaS까지 반영을 하는 것이 좋다.

서비스 중단 피해 복구비용은 과부하와 보안사고로 인한 서비스 중단을 고려했다. 이 비용은 서비스 중단으로 인하여 발생하는 모든 비용(경영손실, 피해보상, 복구비용 등)을 의미한다.

매우 광범위하고 복잡한 변수를 적용해야 하지만 우선은 아래와 같이 산정을 한다.

- 경영손실: 이 시스템으로 인하여 생기는 이득(ROI 혹은 BC)을 취할 수 없으므로 해서 생기는 기회손실 비용만 고려를 한다.
- 피해보상: 대외적으로 서비스를 받는 고객의 소송비용(변호비용, 보상예상금액)을 산정하기 위하여 비교할 수 있는 유사소송의 판례를 참조한다.

- 복구비용: 수리복구 비용

서비스 중단에 대해서 일시적인 과부하는 예측할 수 있으나 보안사고는 예측하기가 어렵다. 게다가 일반 기업이나 공공기관에서 운영하고 있는 각종 시스템에 대한 보안장치가 전문 클라우드 서비스 회사의 그것과는 비교가 안될 정도로 부족하다.

특히 보안시스템의 경우에는 단지 시스템만의 문제가 아니고 이를 운영하는 전문인력의 확보와 유지에 관한 문제도 고려를 해야 한다.

IT분야에 보안범죄는 날로 지능화되고 있고 이를 방어하는 비용도 급증을 하고 있는 추세이기 때문에 IT시스템이 회사 운영에 핵심이라면 가능한 전문 클라우드 회사의 서비스를 받을 것을 권고하고 싶다.

클라우드 시스템 도입에 관하여 참조할 만한 자료는 TTA에 공공부문의 클라우드 서비스 도입 적합성에 대한 단체 표준(TTA.KO-10.0707)을 권고한다. 이중에 실무자가 클라우드 서비스 도입의 적합성 여부를 자가 진단(Self-Check)할 수 있도록 하기 위한 적합성 자가 진단 도구가 있다.

이것은 총 37개의 측정항목을 제공하고 있으며 공공부문에만 해당되는 것은 아니며 기업에서도 참조할 만한 내용이 충분하게 있다.

미래모형 수립이 끝났으니 이제 90%가 완성되었다. 이렇게 미래모형 수립과정은 철저하게 분석의 결과로 부터 출발을 해야 한다. 즉, 근거없는 상상속의 픽션이 아니라는 뜻이다.

후속 프로젝트의 이정표

이행계획은 미래모형 수립을 통해 정의된 세부 실행과제(단위 프로젝트)를 중장기 Master Plan 수립을 위하여 우선순위, 소요예산, 추진일정, 투자효과에 대하여 기술을 한다.

우선순위 평가 및 소요예산 산정을 통해 중장기 로드맵과 단계별, 과제별 소요자원을 산정하고 끝으로 기대효과를 분석하는 것이다.

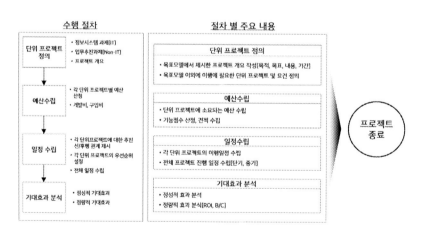

[그림 79] 이행계획 수립 절차도

단위 프로젝트 정의

Action Item이라고도 부르는 단위 프로젝트는 미래모형 수립에서 제시한 업무 프로세스와 정보시스템 각 구성별로 요약을 하는 것이다.

그리고 미래모형에는 없지만 미래모형을 지원하기 위한 것들도 제시를 한다. 예를 들어서 이행을 위한 조직체계 수립 등이 이에 해당된다.

이것을 작성하는 목적은 아래 2가지이다.

- 단위 프로젝트의 충분한 재구성을 통한 누락 방지
- 세부 내용을 요약하여 이해의 용이성 제고

<표 35> 단위 프로젝트 목록

구분	단위 프로젝트명	주요 내용	프로젝트 도출 근거
관리체계	정보화 조직 재구성	이행을 위한 향후 조직 구성 (현업 TFT포함)	미래모형 수립
	정보시스템 표준화	DB 표준화 (기존 DB 정제 포함)	미래모형 수립
	정보시스템 관리 규정 제/개정	운영 및 서비스 규정 등	미래모형 수립
통합 ERP시스템 구축	통합ERP시스템 구축	ERP 도입	미래모형 수립
BI 시스템 도입	BI 시스템 도입	의사결정 지원	현황 분석 결과 개선 방향
시스템 기반 구조	시스템 기반 도입	서버, 네트워크, 상용 S/W도입	미래모형 수립

시스템 보안	시스템 보안 컨설팅	• 정보보호 컨설팅 • 개인정보보호 영향평가	현황 분석 결과 개선방향

〈표 35〉 단위 프로젝트 목록과 같이 대부분의 단위 프로젝트는 프로젝트 도출 근거가 미래모형 수립과정에서 나온 것 들이다.

하지만 경우에 따라서는 시스템 보안과 같이 사정상 미래모형에서 상세하게 다루지 못하고 현황 분석 단계에서 개선방향 정도로만 제시된 것도 있을 수 있다. 보안의 경우 보안 컨설팅 전문업체에서 수행해야 하므로 이를 구체화하지 않고 차기 프로젝트로 컨설팅을 할 것으로 제안을 한 것이다.

이렇게 목록화 된 단위 프로젝트를 [그림 80]과 같이 단위 프로젝트 정의서로 작성한다.

단위 프로젝트 명	통합 ERP시스템 구축		
정의	전사적 경영활동과 공장자동화를 지원하는 정보시스템 구축		
목표	현재 회계, 생산, 설계, 외주임가공(수작업) 등 각 업무별 별개의 시스템 운영 중이거나 시스템이 없는 업무를 전사적인 정보시스템을 통합하여 신규로 구축		
추진사항		**고려사항**	
• 경영관리·영업관리, 생산관리, 물류관리, 설비관리 업무의 정보화 • 공장자동화용 각 공장 시스템별 DB 연계 • 국제형 등 타 기관 시스템 연계 • 거래처 시스템 연계 • 통계, 예측을 위한 시스템 구축		• 커뮤니케이션 접점활용도 제고를 위한 모바일 시스템 구축 • 자료/정보 중요도를 고려한 시스템 보안등급 확보를 위하여, PC 기반의 서비스 환경 우선 제공 (모바일 환경 제외)	
		소요예산	
		• ERP 도입비용 : 90억원 • 시스템 연계비용 : 10억원 • 타 시스템 도입비용 : 5억원	
추진일정		**기대효과**	
• 1단계(3개월) : ERP도입을 위한 업무프로세스 재정리 • 2단계(10개월) : ERP 구축 • 3단계(3개월) :		• 정성적 기대효과 : 빠르고 정확한 업무처리로 인한 고객만족 극대화 • 정량적 기대효과 : 매출증대 약 100억원/년	

[그림 80] 단위 프로젝트 정의서

프로젝트 정의서에 있는 내용 중에 일정, 예산, 기대효과는 아직 작업 전이지만 정의서는 전체를 표현해야 하므로 그 작업이 끝난 후에 다시 보완을 해야 한다.

예산수립

예산은 단위 프로젝트 별로 개발비, 구입비, 추진비 등에 대해서 그 비용을 산정한다.

개발비 산정

이 책에서 응용시스템은 SI개발보다 ERP도입을 하기로 했으므로 별도의 개발비 산정은 필요 없고 구입비만 산정하면 되지만 일부 SI개발 부분도 있다고 가정을 하고 개발비 산정도 하였다.

개발비 산정은 3가지 방법이 있다.

- 기능점수(Function Point) 방식: 기능의 개수를 기준으로 규모를 산정
- Man/Month 방식: 개발자 투입 공수 × 인건비로 산정
- LOC(Line Of Code) 방식: Program Source를 구성하는 Code Line수를 산정

이중에 Man/Month 방식과 LOC방식은 요즘은 사용하지 않는다. Man/Month 방식은 너무 주관적이고 LOC방식은 3세대 언

어(C, COBOL, PL/1, FORTRAN 등)에 적용이 가능한 산정방식이기 때문이다.

따라서 이 책에서는 기능점수방식을 채택한다. 이 방식은 잘 알려진 바와 같이 SW의 규모를 측정 및 예측하는 기법으로써 1979년 미국 IBM의 Allen J. Albrecht에 의해 제안되었고, 미국에 본부를 둔 IFPUG(International Function Point User Group)에서는 기능점수 분석 매뉴얼 제작 및 배포를 하고 있다.

한국에서는 KFPUG(Korea FUNCTION POINT USERS GROUP, 한국소프트웨어측정원)에서 그 기준관리와 교육 및 자격증을 관리하고 있다. 그리고 이것은 ISO/IEC 14143(FSM; Functional Size Measurement)으로 SW Size에 대한 국제표준이기도 하다.

기능점수 산정방식은 KOSA의 소프트웨어 대가 산정가이드를 참조해서 산정을 하는데 ISP에서는 간이법을 적용한다. 기획단계라서 기능의 복잡도 산출이 어렵기 때문이다.

기능점수 도출을 위해서는 우선 기능을 분석해야 하는데 정보시스템 미래모형 수립을 할 때 작성한 〈표 27〉 기능 대비 개체 매트릭스를 활용한다. 이 매트릭스에서 나타난 기능과 파일(DB)을 적용하는 것이다.

<표 36> 기능점수 산정 표

기능명				데이터 및 트랜잭션 기능	FP 산출	비고
어플 리케 이션 명	세부 업무명	단위 프로 세스명	단위프로세스 설명	FP유형	가중치	
채용 관리	계획 수립	충원 요청	인력 충원이 필요한 부서에서 인사팀에게 인력 충원을 요청	ILF	7.5	
		충원 확정	요청받은 건에 대하여 담당자 검토 후 의사 결정권자의 승인여부 에 따라서 결정(반려 될 수도 있음)	ILF	7.5	
		채용 공고	채용하고자 하는 사항 을 일반에 공고	ILF	7.5	
		응모 접수	응모자의 응모 내용 접수	EI	4.0	
		이력 관리	채용공고 이력관리	ILF	7.5	

이것은 '기능 대비 개체 매트릭스'를 바탕으로 하고 단위프로 세스 설명은 '기능설명서'의 내용을 반영한다. 이것은 미래모형 수립과정에서 작성한 산출물들이다.

기능점수가 모두 도출되면 보정계수를 조정하는데 일반 소프 트웨어 개발은 특별하게 바꿀 필요 없이 KOSA의 소프트웨어사 업대가기준을 적용하면 된다. 이것 조차도 협회에서 제공하는 엑셀을 활용하면 매우 쉽게 산출이 가능하다. 기능점수만 도출 이 되면 개발비는 자동으로 계산을 해 주기 때문이다. 게다가 매 년 바뀌는 기능점수 단가를 제공해 주니까 더 편리하다. 이 방식으로 최종 개발비용을 금액으로 환산하여 산정하는 것이다.

혹자는 이러한 기능점수 산정방식이 신뢰할 수 없는 형식적인 것이라고 치부를 하기도 하는데 그것은 기능점수 산정방식에 문제가 아니고 설계한 기능에 신뢰문제라고 할 수 있다.

보안컨설팅 비용 산정

정보보안 컨설팅과 개인정보보호 영향평가 비용산정은 관련 법률에 따라서 한국인터넷진흥원에서 제공하는 방식을 따르는데 투입공수 방식과 컨설팅 업무량 방식 2가지가 있다.

이방식도 인터넷진흥원에서 웹사이트를 통해 제공을 하고 있다. (참조: https://www.privacy.go.kr)

개인정보영향평가의 경우에 대가산정을 투입 공수와 컨설팅 업무량 방식으로 나누어서 그 사정식을 제공하고 있다. 이 곳에서도 역시 엑셀로 산정식 템플릿을 제공하고 있어서 매우 유용하게 사용할 수 있다.

구입비 산정

구입해야 할 서버, 네트워크장비, 상용소프트웨어 등은 각 업체로부터 견적을 받아서 비교 평가를 하므로 이 책에서는 그 과정을 생략한다. 그리고 일부제품을 제외하고는 대부분 조달청에

서 운영하는 디지털서비스몰에 가격이 공개되어 있으니 참조를
할 수 있다.

다만 공공기관에 조달을 하는 가격이므로 기업체가 구입을 하
고자 할 때는 가격이 달라 질 수도 있다.

예산 전체 구성

개발비, 구입비 등에 대하여 전체를 구성한 예산표를 작성한다.

〈표 37〉 프로젝트 이행 예산 총괄 표

구분	항목	소요비용 (백만 원)	비고
정보화 조직 재구성	추진 TFT 구성	N/A	자체 활동
정보시스템 표준화	DB 표준화	500	기존 DB 정제 포함
정보시스템 관리 규정 제/ 개정		N/A	자체 활동
통합ERP시스템 구축	ERP 시스템 도입	9,000	
BI 시스템 도입	BI 시스템 도입	2,000	서버포함
시스템 기반 도입	서버	3,000	WAS서버외 19종
	상용 소프트웨어	2,500	DBMS외 10종
	네트워크 장비	1,600	공사비 포함
시스템 보안 컨설팅	정보보안 컨설팅	300	
	개인정보보호 컨설팅	200	
합계		17,300	

상기의 총괄예산표는 전체 십계를 예로 한 것이며 각 프로젝트별로 세분화하여 작성을 한다.

일정수립

일정 역시 단위 프로젝트 별로 기간을 산정하여 작성을 하는데 우선은 프로젝트의 우선순위를 산정하고 선/후행관계를 파악한 후에 전체 일정을 수립한다.

프로젝트 우선 순위 산정

각 단위 프로젝트 별로 특성과 상호 관계가 있다. 예를 들어서 DB표준화의 경우 기존 DB에 대한 정제작업을 하기 전에 ERP 시스템을 도입하면 시스템 도입이 계획보다 지연될 수도 있다는 것이다.

물론 ERP시스템 도입과정에서 할 수도 있지만 어쨌든 동시에 할 수 없는 작업이다. 정보화 조직 구성도 마찬가지이다.

이 책에서 예로 든 단위 프로젝트는 ERP 시스템 도입 등 몇 가지 안되지만 ERP시스템을 세분화해서 각 단위 업무별로 도입을 한다면 더욱 우선순위에 대한 평가가 필요하다. ERP에서 회계업무 보다 영업업무를 먼저 도입하면 나중에 정합성 문제가 생길 수 있기 때문이다.

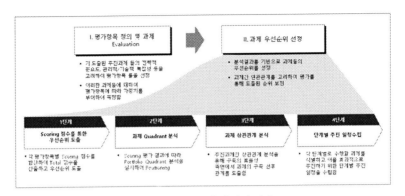

[그림 81] 과제 우선순위 설정 절차도

　이 작업은 고객과 함께 진행을 하며 이 책에 예는 간단하지만 실제 프로젝트에서는 훨씬 복잡할 수가 있기 때문에 이러한 우선순위 평가 없이 프로젝트의 일정 수립은 어렵다. 우선순위는 고객과 함께 평가를 한다.

〈표 38〉 단위 프로젝트 우선순위 평가표

단위 프로 젝트 명	중요성 평가(1~5점)			구현의 용이성 평가(1~5점)				종합	순위
	시 급 성	업무 영향 /효과	(A) 소계	프로 세스 명확도	사용자 참여도	위 험 도	(B) 소계		
	60%	40%	환산	30%	40%	30%	환산	((A+B)/2)	
정보화 조직 재구성	5	5	5	5	4	5	4.6	4.8	1
정보시스템 표준화	5	5	5	5	4	5	4.6	4.8	2
정보시스템 관리 규정 제/개정	3	3	3	5	3	2	3.3	3.15	4

통합ERP 시스템 구축	5	5	5	5	4	4	4.3	4.65	3
BI시스템 도입	3	5	3.8	5	4	4	4.3	4.05	7
시스템 기반 도입	4	5	4.4	5	4	4	4.3	4.35	5
시스템 보안 컨설팅	4	4	4	5	4	4	4.3	4.15	6

　이 평가표에 의하면 정보화 조직 구성을 가장 우선해야 하고 BI시스템은 맨 나중에 해도 된다는 것을 나타내고 있다.

　BI시스템을 맨 나중에 해야 하는 이유는 통합 ERP시스템 구축 후에 시스템이 안정적으로 가동되는 시점에 구축을 해야 한다는 뜻이다.

　BI시스템의 특성상 원천 데이터가 불안정하면 그 신뢰도가 떨어지고 그에 따라서 이 시스템의 주사용자인 임원급의 신뢰도가 저하되면 향후 정보화 추진에 치명적인 부정적인 요소로 작용을 하게 되기 때문이다.

일정계획

　일정계획은 각 단위 프로젝트 우선순위 평가결과와 절대 소요 기간을 반영하여 작성을 한다.

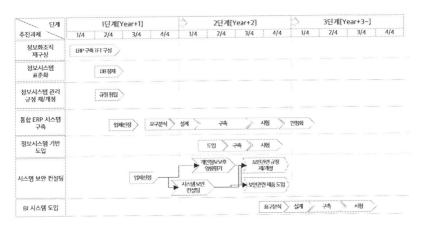

[그림 82] 프로젝트 진행 일정 표

　때로는 투자일정표를 작성해야 할 때도 있는데 이것 역시 동일한 방법으로 과제(단위 프로젝트)별로 투자일정을 수립한다.

기대효과 분석

　기대효과 분석은 ISP이후에 실제 시스템 구축을 했을 때 그 이전보다 어느 정도의 향상이 이루어졌는지를 미리 가늠해 보는 작업이다.

이것을 통해서 투자의 타당성을 확보하고 공감대를 형성함으로써 원활한 진행을 하고자 하는 것이다.

이것은 정보시스템 미래모형을 설계할 때 분석을 했다면 어려움 없이 할 수 있다. 가장 먼저 해야 할 일은 몇 차례 강조를 했지만 기대효과의 관점과 항목의 분류이다. 증가와 감소가 관점이고 상품 매출증가와 고객불만 처리시간 감소가 항목이다. 즉, 통합 ERP시스템 구축으로 인해서 매출과 이익 그리고 업무처리 정확도가 증가하는 부문도 있고 처리시간 감소로 인하여 비용이 절감되는 경우도 있다.

중요한 것은 기대효과 항목과 근거를 찾는 일이다. 미래모형을 설계할 때 분석을 했다면 그것을 기초로 하면 되지만 그렇지 못한 경우에는 새롭게 찾아야만 한다.

예를 들어서 채용업무를 정보시스템으로 개발을 했을 때는 당연히 업무처리 시간 감소와 정확도 향상으로 단기적으로는 인건비 감소, 장기적으로는 인력증가 억제가 될 것이다.

그 억제가 되는 인력을 금액으로 환산을 한다. 기존 인력의 인건비 감소는 설득력에 한계가 있기 때문이다. 여기서 업무처리 시간 감소와 정확도 향상은 정성적 기대효과로 분류를 하고 인건비 감소, 인력증가 억제로 인한 금액은 정량적 기대효과로 분류를 한다.

기대효과 항목을 찾는 일이 우선이고 이것을 다시 정성과 정량으로 분류하는 것은 그 다음이라는 뜻이다. 기대효과 분석이 중요한 이유는 의사결정자의 판단에 영향을 미칠 수 있는 자료이기 때문이다. 정량적 기대효과는 더욱 그렇다.

정성적 기대효과

서비스의 질적 향상, 업무효율화로 처리속도 향상, 신뢰성 향상, 직원 만족도 향상, 고객만족도 향상 등 이러한 것들이 정성적 기대효과 항목으로 꼽을 수 있다.

정성적 기대효과는 제3자로 하여금 공감할 수 있는 내용을 다음 〈표 29〉 정성적 기대효과 사례표와 같이 서술식으로 작성을 한다.

〈표 29〉 정성적 기대효과 사례

기대효과 항목	주요 내용
업무 연속성 증대	기반설비 system의 고도화 외부회선 및 회선사업자 이중화 설계 백본 네트워크 장비의 이중화 설계 재해복구 전략 수립에 따른 업무 연속성 강화 IT 조직 및 고객의 역할 및 책임 정립 물리적 공격/테러 등에 대비한 보안시설 구축
재해 대처 능력 증대	체계적인 재해복구 절차 확보 재해대처 전문인력의 향성이 가능해짐 재해에 대한 대비 인식 확산
침해 방지	장애 해결 관리를 위한 운영측면의 단일 접점 제공 침해사고대응 절차 수립 주요 정보 자산의 식별과 위험관리 기법의 도입으로 인한 정보자산의 보호체계 확립 유해 트래픽의 원천적인 차단 자동 보안 취약점 진단 도구 도입으로 인한 정보보호 상시관리 체계 확립

정량적 기대효과

정량적 기대효과는 항목에 대한 더 구체적인 접근이 필요하다. 모바일 고지·수납 통합서비스를 통한 고지업무 비용 절감, 온라인 등기우편 서비스를 통한 우편물 제작 및 발송 비용 절감, 쇼핑몰 구축으로 인한 매출 증대 등이다.

이것들은 대부분 기능설계를 할 때 그 기대효과를 분석해 두어야 하지만 복합적일 때도 있고 그때에는 구체적으로 다루지 못하는 경우도 있다. 추가로 더 많은 노력이 필요하다는 뜻이다. 때로는 정성적인 것을 다시 정량화 할 필요가 있는 경우도 있다. 예를 들어서 종업원 만족도를 화폐가치로 표현해야 할 때가 그것이다.

이런 때를 대비해서 평균임금을 조사하거나 만족도 조사를 위한 설문을 할 때 '당신의 근무 만족도는 얼마의 화폐가치가 있다고 생각을 하는가?'라는 질문의 답변을 통계치로 분석을 한다. 주관적인 것도 모집단의 유형과 규모에 따라서는 객관화를 시키기도 한다.

정량적 기대효과는 정성적인 것과 달리 수학적 산출 근거가 필요하다. 기업의 경우에는 ROI방식을 채택하기도 하고 공공의 경우에는 BC방식을 채택한다. 2가지 방식의 공통점은 투자대비 이익율을 산출하는 것이다 그리고 이것들은 일정기간 동안에 누적된 재화의 가치를 계산하는 것이다.

ROI, BC 혹은 그 이외에 기대효과를 정량적으로 산출하는 방식이 많이 알려져 있으므로 구체적인 사항을 이 책에서는 생략하기로 한다.

나는 공공분야 ISP 프로젝트에서 모 지자체에 인공지능형 감시카메라 설치에 관한 기대효과를 분석한 적이 있었다.

감시카메라의 설치는 당연히 범죄 예방과 감소에 효과가 있음은 많이 알려진 사실이다. 하지만 감시카메라가 과연 어느정도 범죄예방이 가능하고 그것을 화폐가치로 환산을 해서 설치에 필요한 투자비를 능가할 수 있는가를 객관적인 수치로 제시해야만 했다.

담당자와의 인터뷰, 논문, 연구보고서, 통계자료 등을 참조하여 투자 타당성의 논리를 구성하였다. 그것은 '범죄율 감소에 따른 사회적 비용의 감소' 관점으로 1대의 감시카메라가 어떤 유형의 범죄에 어느 정도의 범죄율 감소에 기여하는지를 분석했다. 그렇게 해서 1건의 범죄가 어느 정도의 사회적비용을 초래하는지를 찾았다.

〈표 40〉 CCTV 감시 대상 범죄로 인한 사회적비용 분석 표

(단위: 건, 백만 원)

CCTV대상 범죄 분류		발생(건)	건당비용(백만 원)	총 비용(백만 원)
강력범죄	강도	4,827	1,041,383,154	5,026,756
	방화	1,946	3,689,449,903	7,179,670
	폭행	138,426	37,716,497	5,220,944
	약취유인	337	85,039,162,323	28,658,198
재산범죄	절도	223,264	64,902,480	14,490,387

나는 수백가지 범죄 유형 중에 CCTV에서 감시가 가능한 5가지를 대상으로 분석을 하였다.

〈표 40〉 CCTV 감시 대상 범죄로 인한 사회적비용 분석에 건당비용은 사회적 비용을 의미하는 것으로서 범죄예방을 위한 경찰의 보호조치, 예방행위, 범죄대응, 보호감호 등을 금액으로 환산을 한 것이다. 그것은 재산손실, 정신과 육체적 충격, 생산성 손실, 피해자 지원 비용, 의료비용이 포함된 금액이다.

약취유인이 다른 범죄에 비해서 건수는 적지만 사회적 비용이 월등히 많은 이유는 타 연구결과를 참조하였다. 피해 당사자의 정신과 육체적 피해를 돈으로 환산을 했을 때 그 결과값을 반영한 것이다.

〈표 41〉 CCTV 구축사업에 따른 B/C 분석 결과 표

(단위: 백만 원)

년도	편익 (B)	편익 현가	비용 (C)	비용 현가	B/C	NPV[41]	IRR[42]
2019	-	-	1,972	1,972	0.000	-1,972	
2020	3,024	2,950	1,135	1,107	2.666	1,844	
2021	3,024	2,878	1,163	1,107	2.601	1,772	
2022	3,024	2,808	1,191	1,106	2.539	1,702	
2023	2,329	2,110	746	676	3.120	1,434	
2024	2,329	2,058	765	676	3.045	1,382	
2025	2,329	2,008	784	676	2.972	1,332	

41) Net Present Value(순현재 가치)
42) Internal Rate of Return(내부 수익율)

2026	938	789	666	560	1,408	228	
2027	938	770	682	560	1,374	209	
2028	938	751	699	560	1,341	191	
2029	938	732	717	560	1,308	173	
계	19,809	17,854	10,519	9,559	1,868	8,295	0,87

〈표 41〉 CCTV 구축사업에 따른 B/C 분석 결과 표에 따르면 초기 구축비용이 약 19억 원 정도이며 10년간 약 95억 원 정도의 총비용(비용현가 기준)이 발생한다. 이에 비해서 편익은 약 178억 원의 이득이 생기는 것으로 계산되었으며 B/C는 1.868로서 투자의 타당성이 있다는 결론을 얻었다.

그리고 CCTV의 특성상 설치 즉시 효과가 나타난다는 것이 다른 시스템과 다른 점도 반영을 하였고, 일반 감시카메라 대비 인공지능 감시카메라의 효과도 반영을 하였다.

사실 이러한 작업들은 경영학적 접근이 필요하고 그 분야에 전문가가 하면 좋지만 요즈음 ISP는 과거와 달리 투자의 타당성을 객관적으로 요구하는 일이 많아지고 있다. 그러한 동향은 점차 더 구체적으로 요구할 것으로 생각한다. 따라서 IT분야의 컨설턴트도 숙지를 해야만 한다.

정량적 기대효과 산출을 위한 방법(계산식)은 비교적 쉬우므로 이것 보다는 기대효과 항목을 발굴하는 노력이 더 필요하다. 어떤 관점으로 기대항목을 설정하는가에 따라서 그 방향과 대상이 결정된다. 산출방식은 그 다음의 문제이다.

사무자동화로 인한 기대효과를 종이 값 절감으로만 볼 것인가? 추가로 탄소배출량 감소도 볼 것인가? 와 같이 관점에 따라서 그 기대효과 결과값은 달라질 수 있다는 뜻이다.

요즘 전세계적으로 ESG(Environmental, Social, Governance) 경영이 화두가 되고 있고 그 중에 탄소배출이 가장 중요한 관리요소가 되고 있다.

그래서 탄소배출량 감소를 기대효과로 고려를 한 것이며 이러한 사회적 동향에 따라서 기대효과의 관점과 대상이 변화할 수 있다는 뜻이다.

후기

컨설턴트는 점쟁이가 아니다

돌이켜 보면 ISP 프로젝트를 많이 했지만 그 중에 나 스스로 만족을 했던 프로젝트는 별로 없다. 1장에 50만 원짜리라고 내세울 만한 보고서는 없다는 뜻이다.

프로젝트를 시작할 때는 늘 의욕에 차서 흥분되는 마음을 가라앉히며 시작을 하지만 뜻대로 진행되는 경우가 별로 없었다. 예상치 못했던 상황이 생기거나 내 스스로 안일하게 진행하려고 했거나 납기에 쫓겨서 허둥지둥 했기 때문에 그런 것이었을 것이다.

아무튼 컨설턴트는 점쟁이가 아니다. 보지도 않고 현상을 알아 맞히거나 주사위를 던져서 미래를 예측하는 사람이 아니라는 뜻이다. 때로는 그럴 수만 있으면 참 좋겠다 라는 허망한 생각을 해 보기도 한다.

이 일을 하면서 느끼는 점이 있다면 '내가 이 일에 적성이 안 맞나? 능력이 안되나?'라는 것이다. 글을 쓰는 직업이지만 내가 쓴 글을 며칠 뒤에 내가 봐도 이해가 안 되거나 앞뒤가 안 맞거나 문장 자체가 문법에도 안 맞고 오자 탈자투성이라서 그렇다.

현황 분석 단계에서 미래모형이 들락거리고 미래모형 수립 단계에서 분석에 관한 내용이 수두룩하다. 그나마 방법론 절차대로 작업을 하는데도 불구하고 이런 실수가 비일비재하게 생긴다.

더 큰 문제는 컨설턴트 중에는 그러한 문제를 별로 심각하게 생각하지 않는다는 것이다. 기술적인 내용이 중요하지 비논리적이거나 문법에 위배되는 그런 문제들이 뭐 그렇게 중요하냐고 반문을 한다.

Technical Writing이라는 말이 있다. 미국에서 생긴 용어로 알고 있는데 공대생들의 보고서 작성 능력을 키워주기 위한 것이라고 한다. 필수과목으로 이수를 해야 하는 대학교도 있다고 한다.

공과계통에 공부를 했거나 일을 하는 사람들은 대체적으로 보고서 작성이 서툴다. 아마 사람보다는 기계하고 상대하는 시간이 많아서 그런가 보다.

아무튼 ISP의 결과물은 보고서이고 그 보고서는 여러 사람이 보는 문서이다. 당연히 눈에 거슬리는 논리나 문장은 없어야 한다.

내가 이렇게 보고서 문장에 신경을 쓰기 시작한 이유는 모 프로젝트에서 약 1,000장에 가까운 보고서를 제출했는데 담당 부서의 책임자가 느닷없이 종방향 서술식으로 바꾸어 달라는 것이었다.

그 이유는 제출 받은 파워포인트 횡서식은 도형이 많아서 누군가 설명을 해 주지 않으면 혼자서 읽으면서 이해를 하기가 불가능 하다는 것이었다. 이것은 발표용 자료이지 보고서가 아니라는 것이다.

보고서 안에 그림과 도형 등에 위치와 논리를 파악해가면서 읽어야 하는데 잘 이해가 안 되면 당신이 언제든지 와서 설명을 해 줄 수 있느냐는 것이었다. 몇 차례 실랑이를 하다가 결국은 연구보고서와 같은 형태로 A4종 방향으로 200장 정도로 요약해서 작성을 하기로 합의를 보았다.

계약에 없었던 사항이지만 이 세상에 갑보다 똑똑하거나 힘센 을이 있겠는가?

몇 명이서 단계별로 나누어서 다시 쓰기 시작했지만 모두들 대학 때 작성한 논문 이외에는 이렇게 작성해 본적이 별로 없는 사람들이었다. 정말 지루하고 힘든 작업이었다. 며칠 뒤에 그분이 작성하고 있는 것을 가져와 보라고 해서 가져갔더니 웃으면서 이렇게 쓰면 안 된다고 하면서 작성 방법을 가르쳐 주었다.

이때 처음으로 알게 된 것이 개조식 문장의 작성 방법이었다.

개조식과 서술식 문장을 혼용하면서 보름만에 보고서가 완성되었고 검수 승인을 받았다. 납기를 거의 한달이나 지나쳐서 말이다.

그때 이후로 나는 여러 차례 연구과제를 수행하면서 종방향으로 서술식 혹은 개조식으로 보고서를 작성했다. 그래서 나는 종방향이나 횡방향이나 별 부담 없이 보고서를 작성하고 있지만 논리와 문장은 여전히 거칠기만 하다.

그래도 나는 이 일이 좋다. 가능하다면 다시 태어나도 이 일을 하고 싶다. 늘 새롭고 창조적인 것이 좋기 때문이다.